SHODENSHA
SHINSHO

逆転のメソッド

——箱根駅伝もビジネスも一緒です

原　晋

祥伝社新書

はじめに──駅伝もビジネスも同じである

二〇一五年一月八日、東京・渋谷にある青山学院大学の青山キャンパスで、東京箱《はこ》根《ね》間往復大学駅伝競走（以下、箱根駅伝）の優勝報告会が開かれた。

箱根駅伝は毎年正月二日と三日の二日間にわたって、東京・千代田区大手町《おおてまち》から神奈川県箱根町までの往復二一七・一キロを、十人の選手が襷《たすき》をつないで走る駅伝競走で、大学スポーツの花形と言ってよい。

沿道には百万人単位のファンが詰めかけて、選手たちに声援を送る正月恒例のビッグイベントであるが、その箱根駅伝で青学は初優勝を果たしたわけだ。それは青山学院大学陸上競技部にとっての悲願であり、創部して以来初めての快挙であった。

大手町のゴールで、私は部員たちに胴上げされて都心の空を舞った。監督就任十一年目にして手中にした栄光であり、あの胴上げの何とも言えぬ心地よさを一生忘れることはないだろう。

「みなさん、ワクワクしましたか！」

優勝に沸き立つ二千人もの学生や関係者を前に、私は報告会でのあいさつの言葉をこう切り出した。というのも、青学が箱根駅伝に出場するにあたり、部員たちに掲《かか》げたスローガンが「ワクワク大作戦」だったからだ。

前年に優勝を果たした東洋大学のスローガンが「その一秒をけずりだせ」、優勝候補筆頭の駒澤大学が「原点と結束」であるから、それらと比べて「青学はチャラけている」と思われたかもしれない。しかし、決してふまじめなスローガンではなく、むしろ青学の明るいカラーを象徴していると、私は思っている。

駅伝が終わった後、テレビや新聞のインタビューで何度も「優勝の勝因は何ですか」と聞かれたが、この問いに一言で答えることは難しい。というのも、監督就任以来、この十年間に積み上げてきたプロセスのすべてが優勝につながっているからだ。それを説明するにはそれなりの時間が必要になる。

本書丸ごと一冊がその説明と言ってもよいが、ここではポイントだけを記しておくことにしよう。

まず挙げられるのが、箱根駅伝に出場して優勝するという部としての目標を明確にしたこと、そして監督である私自身が退路を断《た》って目標達成に全力を上げる覚悟と強い意志を部員たちに示したことである。

そのうえで、私が最初に取り組んだのは、部員たちが規則正しく生活する環境を整えることだった。この生活改善に丸三年間かかっている。

生活環境のベースができた段階で、目標実現に必要なことをクリアするために次々と手を打っていった。具体的には、青学らしいカラーの人材をスカウトし、組織づくりを進め、厳しい練習と鍛錬で部員たちを鍛え上げるということだ。

また、部員ひとりひとりにも一年間の目標、一カ月の目標、試合や合宿ごとの目標を設定させ、グループミーティングで進捗状況をチェックした。自分の目標を実現するためにどうすればよいかを選手自身が考え、半歩ずつでも確実に前に進むことによって結果を出させたのである。

だから、箱根駅伝での優勝は、十年越しのプロセスを経て達成した成果であるわけだ。

私自身は中学・高校・大学と陸上の選手として競技活動を行ない、今や強豪となった中国電力陸上競技部の創部に参加した一期生に当たる。しかし、青学で陸上競技部を優勝に導いたノウハウは自分の選手時代に学んだものではなく、むしろ引退した後に営業マンとして培《つちか》ったものである。

監督業というのは、要するに人と物、お金を動かしてチームを作り上げていく仕事であり、これは私が営業マンとしてやっていたことと、全く変わらない。駅伝で優勝することもビジネスで成功することも要するに人間のやることだから、実はプロセスにおいて全く同じだというのが私の考えである。だから、青学の優勝は私が営業マンとして身につけたビジネスのスタイルやノウハウを駆使《くし》した結果だと思っている。

しかし、優勝までの道のりは順風満帆《じゅんぷうまんぱん》であったわけでは決してない。特に監督就任三年目には廃部や監督解任が取り沙汰される最大の危機を迎えたが、その土俵際から大逆転して箱根駅伝への出場と優勝を勝ち取っている。

そうした挫折《ざせつ》や危機は選手時代にもサラリーマン時代にも何度もあったが、そのつど、土俵際からの逆転劇で乗り越えてきた。

苦境に陥《おちい》った土壇場から逆転するメソッドとは何か。念願だった箱根駅伝逆転優勝を機《き》に自分の半生を振り返り、私なりに考察してみたのが本書である。
挫折感や無力感で元気を失ってしまった人をはじめ、仕事で失敗して窓際に追いやられてしまった人、努力してもなかなか仕事がうまくいかない人たちに、私の経験が少しでもお役に立てば、この上ない喜びである。

二〇一五年三月　箱根駅伝優勝の春に

青山学院大学陸上競技部監督　原《はら》　晋《すすむ》

目次

第4章　青学は、なぜ優勝できたのか　113

第5章 「逆転」を生み出す理論と情熱 155

第1章　選手時代の栄光と挫折

なぜ陸上を志したか

陸上競技を始めたのは、中学のときである。広島県三原《みはら》市の中学校に入学して陸上部に入部したのだ。

今振り返って「私らしいな」と思うのは、キャプテンだった三年生のとき、生徒会役員に立候補したことだ。ただ走っていることに飽《あ》き足らず、陸上部の予算を分捕《ぶんど》ろうと思い立ち、まんまと生徒会の会計係に潜《もぐ》り込んだのである。よくは覚えていないが、子どもなりに知恵をしぼり、陸上部の予算を前年より増やすことに成功した記憶がある。

陸上を志《こころざ》したのは、自然な流れであった。長兄も、二歳上の次兄も陸上をやっていたため、中学に入学すると当たり前のように陸上部に入部した。というのも、原家の三兄弟は三人とも足が速かったからだ。小学校時代から代表選手としてリレーなどで活躍していた。

しかし、今思えば、私を陸上へとかき立てた、もっと根源的な理由があったように思う。

それは、小学校の入学式直前の出来事だった。

当時、私は三原市で両親とふたりの兄、祖父母の家族七人で暮らしていたが、実家のすぐ目と鼻の先に瀬戸内海が広がっていた。詳しいことは覚えていないが、おそらくひとりで遊んでいたのだろう。あやまって、海に転落してしまったのだ。溺《おぼ》れて死にかけたとき、近所のおじさんがたまたま私を見つけて助け上げてくれた。すぐに救急車で病院に運ばれたが、右足のくるぶしの上あたりがえぐれて、白い肉がむき出しになっていた。その光景は、鮮烈な記憶として瞼《まぶた》に焼き付いている。二十針も縫う大ケガで、今も傷跡が消えていない。

この事故のせいで、私は入学式の日から松葉杖をついて登校するはめに陥《おちい》った。ピカピカの一年生だったにもかかわらず、松葉杖をついて学校生活を送る状態が一カ月以上も続いたのだ。

小学校低学年の頃というのはやんちゃな盛りで、訳もなくあたりを走り回り、体を動かしたくて一時《いっとき》もじっとしていられない時期である。ところが、私は走るどころか、満足に歩くこともできない状態に置かれていた。

走るということは、動物である人間の基本的な動作のひとつであり、生まれもった闘争本能の発現とも言えるが、その闘争本能が押さえ込まれ、走ろうという意欲が閉ざされてしまったのだ。

その反動だったかもしれない。傷が治り、押さえ込まれていた闘争本能や意欲が解放されたとき、私は無性に走りたくて仕方がなかった。

まさに、ケガの功名である。この事故がバネとなって、私は闘争本能に突き動かされるかのように、走ることに人一倍の意欲を持つようになった。

中学時代は、走法を教えてくれる指導者もおらず、自分なりに工夫して練習する毎日だったが、身近にはすごい選手がいた。

そのひとりが、一学年先輩の向井隆道《むかいたかみち》である、向井さんは百メートル走で全国大会に出るクラスのランナーで、後に同志社大学時代には日本学生陸上競技連合が主催する日本学生陸上競技対抗選手権大会、通称日本インカレの百メートルで優勝している。

私が二年生だった頃、向井さんが大会に出るというので、競技会に連れて行ってもらったことがある。その大会には、後に中学の二千メートルの日本記録保持者となる選手も参加していた。

予選に出場した私はとにかく必死でトップランナーたちに食らいついた。その競技会に参加したことで、「絶対、負けないぞ。来年は見とれよ」と、生来の負けず嫌いの気性に火がついて、陸上競技にのめり込んでいったのだ。

次兄が卒業した後、上級生にリーダー的な先輩がいなかったため、私は二年生の頃からリーダーとして陸上部を切り盛りするようになった。「予算分捕り作戦」については、すでに書いた通りである。

そういった努力の甲斐《かい》があってか、三年生のときには三原市内の中学校対抗駅伝で母校を優勝させ、三原市の代表として数十年ぶりに広島県大会への出場を果たしている。陸上部だけでは人数がそろわないので、足の速い生徒を全校から寄せ集め、即席の駅伝チームを編成しての快挙だった。翌年も私が教えた後輩たちが奮闘して二年連続優勝を果たし、母校の伝説となっている。

全国高校駅伝準優勝の快挙

中学での成功体験に気をよくした私は、陸上を極《きわ》めようと広島県世羅《せら》郡世羅町にある世羅高校に進学した。

高校・大学・社会人と私の競技人生を振り返ったとき、自分の意志で「こうしよう」と決断したのはこのときだけである。走るために世羅高校を選び、進学したのだ。

世羅高校は全国高校駅伝大会の第一回（一九五〇年）、第二回（一九五一年）と二年連続で全国制覇した高校駅伝の草分けで、全国優勝はこれまで八回におよぶ。宮崎県の小林《こばやし》高校、愛知県の中京《ちゆうきよう》高校とともに駅伝御三家と呼ばれる駅伝の名門校だ。

駅伝の強豪校であると同時に、世羅高校は当時ものすごく躾《しつけ》が厳しい高校だった。寮に入って高校生活を送ったが、細かい規則が決められていただけでなく、先輩後輩の上下関係も厳格であった。

今でも、思い出して笑ってしまうエピソードがある。世羅高校に入学して一カ月あまり後、ゴールデンウィークの休暇に初めて帰省したときのことだ。母校の中学校を訪ね、職員室にいた英語の女性教師にあいさつしたのである。

「原クン、元気」

「ハイッ」

「そんなに硬くならなくていいから。普通にして」

「ハイッ、このように躾られてますんで」

「あなた、変わったわねえ」

実は私は中学時代、やんちゃ坊主でガキ大将であり、どちらかと言えば、あいさつをきちんとするほうではなかった。その私が直立不動《ちょくりつふどう》で「ハイッ、ハイッ」と受け答えするので、女性教師はあまりの変わり様にたまげたに違いない。

世羅高校の陸上部は当時もレベルが高く、一学年上に千五百メートルと五千メートルの高校記録保持者がいたほか、五千メートルの十四分台ランナーがチーム内に数多く在籍していた。

私はといえば、鳴かず飛ばずの状態で二年間、高校駅伝のレギュラーになれずにいた。わざわざ三原市から世羅町まで駅伝留学に行ったにもかかわらず、そんな体《てい》たらくだったため、正直言って腐っていた。しかし、自分で覚悟を決めて行った以上は辞めるわけにもいかず、厳しい規則や体罰にも耐えて高校生活を過ごしていた。

ひとつ上の学年には、すごいランナーがそろっていた。全国高校駅伝予選会のタイムではランキング日本一で、NHK特番の取材クルーが史上最強チームを追うということで密着取材していたほどだ。この年の高校駅伝の優勝候補だったが、個性派集団でチームの和というものがあまり見られず、結果は三位に止《とど》まったのである。

一方、私の学年は突出したランナーがおらず、教師からは「おまえらは駄馬《だば》だから練習あるのみ」と宣告され、先輩たちの一・五倍の練習量を課されていた。

三年生になって私がキャプテンになったが、ここでも私の個性が出たように思う。ひとつ上の学年にチームの和が不足していたため、その欠点を改善することにしたのだ。キャプテンである私を中心に「チームの和を大切に、心をひとつにして目標に向かってみんなで取り組もう」と訴《うった》え、チームづくりを進めていった。

この年の夏頃までは、世羅高校は強豪校である東広島市の広島県立西条《さいじょう》農業高校に負けると言われていたが、ふたを開けると広島県大会で優勝し、一九八四年の全国高校駅伝でも準優勝を果たしている。

駄馬と言われたチームが成し遂げた、いわば大逆転の快挙だった。ちなみに、このときの優勝校は報徳学園である。

勝因のひとつには、チームづくりがうまくいったことが挙げられる。当時の寮長だった中洲浩二《なかすこうじ》がやはり三原市の出身で、キャプテンの私の訴えに応《こた》えてくれたのだ。私が部の活動を支え、彼が部員の生活を支えるという両輪でチームの意識を高めていけたことが、結果的に大逆転につながったと思っている。

生活態度を改め、チームの和を大切にすることが結果につながったというこのときの成功体験が、後に青学の監督としてチームづくりをする際の原点になっている。

日本インカレで三位に入賞

世羅高校を卒業後、愛知県豊田《とよた》市にある中京大学体育学部に進学した。今でこそフィギュアスケートのオリンピック銀メダリストの浅田真央《あさだまお》の通う大学として脚光を浴び、知らない人のいない大学になっているが、当時は全く知られていなかった。

その中京大学に進学したのは、たまたま世羅高校の教師から「中京大学に行ったらどうだ」と誘われたからだった。行きたくて行ったわけでは、全くなかったのだ。

当時はまだ箱根駅伝がメジャーではなく、テレビ中継もされていなかった時代である。インターネットも普及しておらず、駅伝に関する情報もほとんど持っていなかった。世羅高校の三年間は、寮の規律や先輩後輩の上下関係が厳しかったので、大学ではそういう環境では生活したくないし、走りたくもないという気持ちが強かった。

それで、これといった理由もなく、教師に言われるままに「体育の教師になればいいか」くらいの気持ちで進学したのである。覚悟を決めて入学した世羅高校のときと違って、全く覚悟のない進学であった。

中京大学の陸上部は当時まだ、しっかりとした組織ではなかった。このため、私は二年生の頃から寮を出て、アパートを借りて生活しながら競技をすることにした。がんじがらめの生活でテレビも見られなかった高校時代の反動からか、二十歳《はたち》頃から酒を飲み、パチンコに興《きょう》じ、女子学生との合同コンパも楽しんだ。当然のことながら周囲からは「おまえはチャラい。適当なことばかりやりやがって」と思われていたようだ。

こんな体《てい》たらくの生活をしていたら自分の人生は終わってしまうと思った私は、三年になってからは日本インカレに向けて猛練習を始めた。実業団に入るのであれば、三年時に実績を上げておかないと声もかからない。何よりも「バカにされたくない」という気持ちが根底にあった。

部員たちとは別に、自分でオリジナルの練習メニューを考え、黙々と練習をこなす日々であった。まだ練習をするにあたって、理論と言えるものはなかった。高校時代にやってきた方法を自分なりに紐《ひも》解きながら、自分のセンスでメニューを組み立てて練習をしたのである。

そして迎えたのが、一九八七年六月の日本インカレである。会場は、大阪府吹田《すいた》市にある万博記念公園陸上競技場だった。

この日は初夏にもかかわらず異常に暑い日で、平均気温が体温に近いところまで上がっていた。陽が当たってない場所でも、競技場の気温計が四十度前後を指していたのを覚えている。

私が出場した種目は、五千メートル走だった。

申し込みの際に申告した自己ベストタイムでは三十人あまりの出場選手中、確か下から三番目だったと記憶している。にもかかわらず、運が味方したのだろうか、このレースで私は三位に入賞したのである。

中京大学の四年生になった初夏、教員免許を取るために母校の世羅高校で教育実習を行なった。そうしたら、世羅高校の陸上部で指導者をしていた教師から打診があった。

「中国電力が来年四月から陸上部を創部する。おまえ行くか」

広島で中国電力と言えば、いわば「お殿様企業」のひとつで超一流企業の筆頭である。入社できれば一生食うに困らないと言ってよい。

中国電力のブランドが当時持っていた威力は、広島の繁華街に行けばわかった。初めて行った飲み屋で「きょう金がないんやけ、ツケでええか？」と聞いたら、「ああ、ツケでいいけん。また来てや」と一発回答だったのを覚えている。中電の名刺一枚あれば、ツケで飲めたのである。

そういうわけで「地元の優良企業に入れてくれるというなら、それでもいいか」という気持ちになり、「行きます」と返事をした。大学選択につづき、これまた覚悟のない就職であった。

実はこのとき、私は密《ひそ》かに行きたかった企業がある。それは、ヤクルトだった。というのも、一学年上でヤクルトにいた只隈伸也《ただくましんや》さんというスター選手に憧《あこが》れていたからだ。

只隈選手は大東文化大学一年（一九八五年）から四年（一九八八年）にかけて、四年連続で箱根駅伝に出場。三年のときには花の二区で区間賞を獲得し、一躍スター選手になった人だ。

とにかく男前かつ華やかで、カッコいい存在だった。私はテレビ中継でその雄姿を見て、ぜひ同じチームで走りたいと思ったのだ。只隈選手はその後、母校である大東文化大学陸上部のコーチや監督を務めている。

それで、どうやったらヤクルトに行けるかを広島出身の友人に相談していたのだが、ふたを開けてみたら、相談していたその本人がヤクルトに行ったのである。笑えない笑い話だった。

中国電力陸上競技部の一期生に

中国電力陸上競技部は、一九八九年に創部されている。私はこの年、中京大学を卒業して中国電力に入社し、出来たてホヤホヤの陸上競技部の部員となった。だから、中国電力陸上競技部の一期生になる。

同期入社は京都大学、広島大学、早稲田大学、慶應義塾大学など一流の大学を卒業した優秀なエリートばかりである。それも、地元の名士の子息が多かった。

中国電力は私が入社する十年ほど前まで、応募資格として学部まで指定され、主に法学部や経済学部から人材を採用していた。私のような体育学部の学生は、入社試験を受ける資格すらなかったわけだ。

だから、会社としても体育学部出身者、それもスポーツ選手を採用するのは初めてのことで、どう扱っていいかわからなかったようだ。結局、私は本社人事部の研修センターに三年間所属したあと、広島支店総務課に配属され、働きながら競技生活を送っている。

ちなみに、今はスポーツ選手であっても一般社員と同様に、最初は営業所に配属されるしくみになっている。支店、本店と上がるなかで仕事を学んでいくわけだが、当時は何か腫《は》れ物に触るような感じの扱いを受けていた。

陸上競技部創部時の部員は七人だった。高卒が三人と同好会で走っていた三人、それに大学を卒業したばかりの私である。

電力会社のなかで強化部として陸上競技部を創部したのは、中国電力が先駆けだった。九州電力がすでにラグビー部を立ち上げて有名だったが、中国電力ではシンボルスポーツとして駅伝と女子卓球に取り組むことにしたのだ。

中国電力が駅伝を選んだのは、中国駅伝が開催されていたからだ。広島県内の広島市と福山《ふくやま》市を結ぶ八区間、一〇七・五キロを走るローカルな駅伝大会だが、当時は朝日駅伝、全日本実業団駅伝とともに日本三大駅伝のひとつであった。

この大会には、ＮＴＴやマツダ、ＮＫＫ（現・ＪＦＥ）、日新製鋼など、中国地方の名だたる企業が選手を出場させ、全国的な注目を集めていた。中国駅伝の八つの区間にはそれぞれ中国電力の営業所があるので、会社側としては、創部した陸上競技部が中国駅伝で活躍してくれればいいと考えていたようだ。

ちなみに、中国駅伝は一九九五年でその歴史に幕を閉じ、翌一九九六年からは全国都道府県対抗男子駅伝競走大会、通称「ひろしま男子駅伝」が行なわれている。

陸上競技部には当時、専用の寮はなく、二カ所の一般社員寮に分かれて生活していた。部専用のグラウンドもなかった。広島市内の中央公園の街路灯のあかりの下で着替え、夕方ぐらいから練習していたが、冬場には寒さが身に沁《し》みたものだ。

職場での仕事の終了時刻は、午後五時十分だった。それをお願いして十分だけ早く終わりにしてもらったが、陸上部の活動を受け入れる態勢が整っていなかったため、現場からは「いいな、おまえたち」とやっかむ声が聞かれた。

世羅高校の先輩であり、後に監督として中国電力陸上競技部を日本一に導いた坂口《さかぐち》泰《やすし》さんは、一年遅れで入社することになる。

坂口監督は高校三年のときに千五百メートルで高校新記録を出し、インターハイでも優勝している。進学した早稲田大学では箱根駅伝に四年連続で出場し、三年のときに九区で区間新記録、四年で総合優勝を果たした。

就職したヱスビー食品でも駅伝やマラソンで活躍した後、創部から一年後の一九九〇年から中国電力陸上競技部のコーチに就任し、九二年からは監督を務めている。

坂口監督のもと、私がキャプテンを務める中国電力は、一九九二年に全日本実業団駅伝に初出場し、一九九三年には八位入賞を果たした。しかし、実際には、私は坂口監督の言うことをあまり聞かず、どちらかというと足を引っ張ってばかりいた。

青学が箱根駅伝で優勝した後、坂口監督は私との関係について「師弟というよりもヨコの関係だった」と新聞にコメントしていた。同じ監督という立場になって初めて、坂口監督に当時言われたことの本質がようやくわかった気がしている。

故障と挫折の日々、そして引退

そんなわけで、中国電力に入社して以後、仕事と練習に明け暮れる日々が続いた。

大学時代の四年間、自己流で適当な練習をしてきていたので、社会人になったからには、それなりにやらねばならないと手綱《たづな》を引き締め、走り込んだ。

アクシデントが起きたのは、入社した年の夏合宿を順調に消化して「さあ、これからや」と気合を入れた矢先のことである。うっかり階段の段差を踏み外し、バキッと音が出るほどひどく右足首を捻挫《ねんざ》してしまったのだ。その瞬間、全身に痛みが走った。

まずかったのは、捻挫を軽く考えてきちんとした対応を怠《おこた》ったことだ。それまで、これといった故障をせずに来たので、「別に骨が折れたわけじゃない。捻挫ぐらい放っておいても三日ぐらいで治るだろう」と高《たか》を括《くく》り、湿布を貼《は》って包帯をグルグル巻く程度で済ませていたのだ。

当時はまだ、足を冷やして腫れをとるアイシングという対処法は広く知られていなかった。そのうえ、その晩も酒を飲みに行ってしまった。ケアの知識もなかったし、陸上選手にとって体が大切だという認識も低かったと思う。それ以上に、そもそも真剣に走ろうという覚悟がないから、真剣に治そうという覚悟もできていなかった。

このときの捻挫は、その後ずっと治らず、尾を引いた。

足首は、走るという動作をするためにもっとも大切な部位である。足首が壊れていても死にはしないし、普通に生活するぐらいなら問題はない。しかし、走るとなると話は別だ。足首をかばっているうちに、他の部位に支障が出てくるのである。

捻挫した部位がなかなか完治しないだけでなく、捻挫が原因となって左の腰にまで痛みが出るようになった。その結果、いくら走ろうとしてもうまく走れないし、記録も出ない。その現実が自分でも歯がゆく、もどかしい葛藤《かっとう》の日々が続いた。

スポーツ選手の場合、百パーセントやり切って納得して引退するというケースはめったにないだろう。最後は、それこそウルトラマンのように胸のカラータイマーがピコピコと鳴って、仕方なく引退に追い込まれるというのが現実だと思う。私の場合は、やり切れなかった後ろめたさの末の引退であった。

実は引退する際、高校や実業団から水面下で誘いがあった。結論から言うと、この話は立ち消えになるのだが、急に退社したら会社が困ると思った私は、そういう話があることを直属の上司にだけ告げた。

「まだ水面下の話ですので、絶対に言わないでください。そうなったときには、なるだけ早くご連絡しますから」

夜の練習が終わって寮に帰り、その上司に念押しの電話をした。

「さっきの話ですが、絶対に言わないでくださいね」

ところが、次の日に出社すると何のことはない。もう役員にまで知れ渡っていたのだ。このときばかりは「この上司、シバいたろか！」と頭に血が上ったのである。

こうして、ささいな捻挫が引き金となって、私は入社五年後に選手を引退し、陸上競技部を去らざるをえなくなった。

だから、私は指導者となってから学生たちの捻挫には細心の注意を払って対処することにしている。「軽く見ると、取り返しのつかんことになるからな」と言い聞かせて、氷を入れたバケツの水に足を入れさせて足首を冷やす。アイシングの処置をとり、三日間は絶対安静というのが基本だ。患部を冷やして腫れを出さないようにすることが重要で、捻挫をしてから三日間、七十二時間の処置が勝負なのだ。

中国電力陸上競技部はその後、坂口監督のもとでグングン強くなった。

二〇〇三年と二〇〇六年の二度にわたって全日本実業団駅伝で優勝を果たしたほか、二〇〇八年の北京オリンピック男子マラソンに尾方剛《おがたつよし》選手（十三位）と佐藤敦《さとうあつ》之《し》選手（七六位）のふたりが出場。二〇〇五年の世界陸上ヘルシンキ大会のマラソンで尾方選手が銅メダルに輝くなど、快進撃を続けている。

第2章　「提案型」営業マンの伝説

配属先は営業所

足の捻挫が引き金となって陸上競技部を退部し、現役を引退した私が配属されたのは、中国電力東広島営業所だった。

電力会社は火力部門や総務部門、営業部門など、いくつかのグループに分かれているが、私は総務部門から営業部門へと異動したことになる。

もう、会社の看板を背負って駅伝を走るスター選手ではない。一サラリーマンとして再スタートするわけだから、当たり前のことではあるが、営業所で一から仕事を覚える毎日が始まった。二十八歳のときのことだ。

一般の会社で言う庶務担当だから、書類をコピーしたり、ホッチキスで留めたり、各部署に回覧板を回したりといった雑務に従事した。十歳も年下の高卒の新入社員たちと肩を並べてやるわけだから、挫折感がないといったらウソになる。

その挫折を乗り越えられたのはなぜか。今振り返って考えると、やはり「今度は負けたくない」という気持ちがあったからだと思う。陸上選手としてはダメだったが、サラリーマンとして同じ轍《てつ》は踏まない、という決意である。

それと、配属された営業所の上司や同僚たちが温かく迎え入れ、励《はげ》ましてくれたことも大きかった。このときの仲間たちとはいまだに交流があり、青学の箱根駅伝初出場のときも今回の優勝でも、祝いの大シャモジを贈ってくれた。その大シャモジは、寮の食堂に飾ってある。

話を当時に戻そう。庶務の仕事が一通りできるようになると、いよいよ電気料金のしくみを学びながら電気料金の計算、検針と集金、契約など営業の仕事をしていくわけだ。

たとえば、検針と集金は、家や建物のメーターを見て電気の使用量をチェックし、電気料金を集金するわけだが、私たち職員は仕事を委託している社員さんたちを管理するのが仕事だった。

しかし、委託社員さんたちがお願いしても利用者が電気料金を払わない場合には、私たち職員が出向いて対処する。ヤクザの事務所に行ったこともあるし、山頂検針といって山の上にある建物の検針と集金は職員の担当である。私も日がとっぷりと暮れてから暗闇のなか、クマが出そうな山奥まで検針に行ったことがあった。

相手が理由もなく料金を払わないときは、「はい、そうですか」と言って引き下がるわけにはいかない。そんなときには、こんな決めゼリフをよく言ったものだ。

「普通のサラリーマンだと思うなよ。オレは中電でも、普通の社員とは違うんだぞ」

もちろん、相手は私が元駅伝の選手であることなど知らないのだから、何のことを言っているのか理解できなかっただろう。

あるとき、観賞用の鯉《こい》を販売している店が電気料金を滞納していたため、やむをえず電気を止めに行ったことがある。そうしたら、店の主人がこう言って凄《すご》むのだ。

「鯉が死んだらどうするんや、われ」

「ほんなもん、観賞用の鯉なんか今どき売れやせんのじゃけ。食べれるように飼育せい」

「鯉が死んだらな、ウン百万ぞ」

「金払わんほうが悪いわい」

亡くなった菅原文太《すがわらぶんた》の出世作となった映画『仁義なき戦い』ではないが、やり合うときは広島弁丸出しで丁々発止《ちょうちょうはっし》やり合ったものだ。

電気料金を払わない利用者に対しては、規則に基づいて事前に通知してから電気を止める。営業担当が配電担当と一緒に現場に行き、メーターの配線を外《はず》すのだ。あるいは、配電を再開するときも担当を連れて現場に行き、「ほんなら、つないで」と指示して配電担当に配線をつないでもらう。

このケースでは電気を止めると鯉が死んでしまい、利用者の商売が成り立たなくなるため、店の主人を説得して料金を払ってもらうことで一件落着したように記憶している。

このほか、台風などの災害に備えて災害対策本部が設置され、営業所に泊まり込んで待機したことや、実際に大規模停電が起き、臨時に招集がかかったこともあった。

営業の面白さと出会う

営業所で三年間にわたって仕事をした後、配属されたのは中国電力広島支店広島北営業所傘下《さんか》の可部《かべ》サービスセンターだった。

本店―支店―営業所というピラミッド型組織の末端にあるのがサービスセンター

で、営業所より規模が小さいが、仕事の内容はほぼ同じである。

ただし、営業所では計算、検針と集金、契約のどれかの担当になればよかったが、サービスセンターではひとりですべての仕事をやった。セクショナリズムがないため、営業所より仕事が多岐《たき》にわたり、業務すべてを把握していないと仕事にならない部署である。

今から振り返れば、いろいろな経験をさせてもらい、妥当な人事だったと思われるが、当時はとてもそんなふうには思えなかった。同期入社の社員たちが営業所から支店へ、そして本店へと出世していくなかで、私は逆に本店から営業所へ、そしてサービスセンターへと異動させられたのである。てっきり左遷《させん》されたものと思い込み、

「これでオレは終わりだな」と落胆《らくたん》していた。

新設陸上競技部の部員で駅伝のスター選手という過去の栄光があったにもかかわらず、冷や飯を食わされている現実に、私は深い挫折感を味わっていたのである。

しかし、私はあきらめなかった。悔しいと思う自分を素直に受け入れ、その現実から逃げなかった。

この頃ちょうど電力が自由化され、五〇〇キロワット以上の大口の利用者とも交渉して電気契約を結べるようになった。一般家庭ではなく、工場や事業所などである。その一環として、当時、電力会社が取り組んだのが夏季操業をシフトする契約の提案であった。

電力の需要は甲子園球場で高校球児たちが熱戦を繰り広げる頃、夏のピークを迎えるのだが、この時期の電力需要を抑えることができれば、電力供給の効率化を図《はか》ることができる。そのためには、工場や事業所と交渉してお盆の時期に集中している夏休みをシフトしてもらわなければならない。あるいは、日曜日や祭日に働き、平日に休みを取ってもらえば、それだけ電力の負荷が減るわけだから電力の効率化を図ることができる。

上司だったサービスセンターの塩谷《しおたに》隆治《りゅうじ》副長はこの手の交渉を手がけてきたプロ中のプロで、私に仕事を教えるとともに任せてもくれた。言ってみれば、チャンスを与えてくれたのだ。

可部サービスセンターのエリアには、浴槽のホーローを製造する鋳物《いもの》工場や大手ハム会社の工場など大口の電気を使う工場群があり、女子大学もあった。そういった事業所を訪ね歩いて、夏季操業契約についての提案営業をして回るのだ。夏期休暇の時期をシフトするとどれだけ電気料金が安くなるか、提案内容を説明した。電気契約を変えるということは、労働形態も変えることになるわけだから、経営者だけでなく労働組合の幹部とも会って力説した。

営業先の工場や事業所にどういう提案をしたらよいかについては、本社の担当が作成したQ＆Aが用意されており、最初はそこに書かれてある通りにやっていたが、そのうちに私流の営業スタイルが出来上がっていった。

大事なのは、まず動くことだ。動いていれば、ノウハウは自《おの》ずと身についてくる。実際に営業をやってみてわかったのは、現場で交渉相手と膝《ひざ》を交え、面と向かって話し合うことの重要性だった。

この仕事を通して、ほんとうに数多くの人たちと知り合った。電力会社にとっては、極端に言えば、地域に住んでいる人全員がお客様である。可部エリアの場合、ハム工場や病院や大学の担当者と会って話すなかで「いろんな考えの人がいるのだなあ」と実感したし、さまざまな業種の人がそれぞれの切り口で仕事をしている現実が見えてきた。

　この仕事では本人も驚くほど契約を取りまくり、契約件数では全社トップクラスにランクインした。

　サービスセンターの上部組織に当たる営業所にも同じ仕事の担当者がいたが、傘下のサービスセンターの担当者である私が契約を取り過ぎたため、営業所から副長に電話がかかってきたことがある。

「あまり派手にやるな。オレの立場がないじゃないか」

「しょうがないじゃないか。原は一生懸命やっただけなんだから」

　ただ、電力会社は営業で市場を開拓していくタイプの企業ではないので、いくら契約を取っても評価されたり給料が上がったり、あるいは出世につながったりすることはない。営業成績を上げるメリットがあるとすれば、上司に褒《ほ》められることぐらいだろうか。

　そうはいうものの、この仕事で私は初めて営業の面白さや楽しさを味わった。だから、チャンスを与えてくれた塩谷副長には大変感謝している。

自分が提案したことを相手が受け入れ、契約が成立することには何ともいえぬ達成感があった。そして、「どんな業種の人でも最後はこちらの熱意と真心で何とかなるものだ」という、ビジネスでもっとも肝心なことを学んだのだった。

社内公募に合格する

まだ、可部サービスセンターにいた頃のことだ。

あるとき、エコ・アイスの提案型営業の人材を社内で公募していることを知った。エコ・アイスというのは、氷蓄熱式空調システムのことだ。

電力自由化の流れのなかで、中国電力に新しく社内から広く人材を募《つの》る社内公募制というしくみができ、そのひとつとしてエコ・アイスの提案型の営業を行なうスタッフが社内公募されたのである。

体育学部出身で駅伝の選手として入社した私はこの頃、会社で出世してサラリーマンとして大成するためには強い意志と覚悟を持って仕事に取り組み、上に昇っていかねばならないと痛感するようになっていた。それで、「やってみよう」と腹を決めたのだ。

このときの社内公募では、「上司に相談なく人事に直接応募すること」が謳《うた》い文句となっていた。その指示にしたがって応募したところ、二〜三日もしないうちに副長のところへ本店人事部から電話がかかってきた。私は内心「なんじゃ、コリャ」と思ったものである。

サービスセンターはこぢんまりとした事業所で、私が仕事をしているデスクのすぐ隣りで副長が電話を受けているわけだ。副長はなぜか神妙な表情で話しこんでいたが、全部聞こえてしまう。

「原というヤツが応募してきているが、コイツは大丈夫なんか」

「やりますから、コイツは。やりますから」

コイツというのは、もちろん私のことだ。

そして、電話を切った後、副長が発した第一声をいまだに覚えている。

「これまで相当悪いことしとったんだなあ。全く信頼ないな、おまえ」

そんないきさつはあったが、私は本店人事部の担当者を前にプレゼンをし、面接を受けることになった。

プレゼンに向けてにわか勉強で経済本を読みあさったが、実を言うと中国電力からある経済研究所に出向していた仲間からのアドバイスが決め手になった。

「最近の話題はこれですよ」と言って、彼が教えてくれたのが「ウィンウィン」の考え方だった。何かビジネスをする際にお互いが利益になるようなビジネスのスタイルのことである。今ではすっかり広く知られるようになったが、当時はまだこの言葉を誰も知らない時代だった。

「これからはビジネスパートナーがともに栄えるようなスタイルじゃないとダメなんですよ」という彼の話を聞いて、私は「おっ、なるほどな」と納得したのである。

本番のプレゼンではウィンウィンという考え方に基づき、どういう営業スタイルで仕事を進めていくかを力説したところ、面接官たちは「ほお、そうか」と素直に聞き入れてくれたようだ。

私はこうして無事、面接に合格したのだ。

そして、山口県徳山市《とくやま》（現・周南市《しゅうなん》）にある中国電力山口支店徳山営業所に配属され、エコ・アイスの提案型営業の仕事に従事することになった。

今はどうなっているか知らないが、私のいた頃の電力会社は経済界の保守本流とも言える組織で、中核は総務部門が担《にな》っていたと思う。この部門は一流大学出身者が重要ポストを占め、一度レールに乗ってしまえば大きな失敗をしないかぎり自動的に出世していく。しかし、いったんレールを外れたらレールに戻るのは容易ではない。

つまり、最近流行《はや》りのプラス志向ではなく、バッテン評価の企業だったわけだ。だから、バッテンがつかないように仕事をしていくのが会社の美学であった。一言でいえば「守って勝つ」という経営哲学である。

一方、私を含めて社内公募に応募した連中はと言えば、いわば社内的にはアウトローばかりで、このチャンスにもう一花咲かせようという輩《やから》が多かった。もちろん、単なる目立ちたがり屋もいたかもしれないが、強い意欲を持つ者が集まったように思う。

しかし、結果的にそのときに応募した社員で、事業に成功したのは数名だったと記憶している。多くの事業がうまくいかず、撤退していったのだった。

エコ・アイスを売り込む

エアコン（空調機器）には普通、室内の空調機と室外機がある。そのふたつを配管でつないで冷媒を回して熱交換し、部屋の空気を冷やしたり暖めたりするしくみだが、そこへ電気温水器のようなタンクを付加したのがエコ・アイスだ。

冷媒を回す配管をタンクに通して、夏季には配管の周りに氷を付着させて冷媒をより冷やすしくみである。エアコンへの猛暑の負荷は相当大きいので、機器そのものへの負荷を減らすことができる。

エコ・アイスの機器そのものは、ダイキンや日立などエアコンのメーカーが売っていくわけだが、エコ・アイスの導入に伴う電気料金のしかけを提案するのが電力会社の仕事であり、それが提案型営業と言われる所以《ゆえん》だった。エコ・アイスを世の中に普及させるために電力会社とメーカーがタイアップして取り組んだ事業であり、その先駆けとなる営業の一端を私も担うことになったのである。

最初は、和歌山県にある三菱電機の研修センターで、エアコンのしくみなどの基本的な事柄を勉強することから始まった。この研修では試験もあり、必死に勉強したことを覚えている。

ただ、エコ・アイスは一般家庭に導入してもメリットがあるしくみではない。夏にエアコンの消費電力が増えるといっても、一般家庭ではキロワット自体が小さい。だから、基本的には業務用のしくみなのだ。

一台の値段が百万円を超えるため、政府が補助金を出すことで普及を後押しした。ところが、業務用の空調機器を定価で購入する人はいない。政府が補助金を出すことによって電気料金が安くなるというメリットがあるから、機器の購入費を三年で回収できるという触れ込みだったが、実際にはそううまくはいかなかった。

最終的にはエコ・アイスを売りまくったわけだが、その販売計画を立てる際、売れる見込み件数のことを「シャーベット件数」と呼んでいた。アイスは氷である。氷になる見込みということは、氷に固まる前の状態だからシャーベットという洒落《しゃれ》である。こうしたネーミングで楽しむのもまた私の流儀であった。

販売のコツは、すでに夏季操業契約の営業で身に付けたものだった。とにかく、「今日はここからここのエリアを営業する」と決めたら、次から次へと工場や事業所に飛び込んで面と向かって説明するのだ。

営業で勝つ秘訣《ひけつ》は何か。

言葉にするといささか陳腐になるかもしれないが、第一に挙げられるのは営業マンの情熱である。その情熱をわかってもらうためにも、相手と面と向かって話すことが不可欠だ。お互いの人となりを知らないと、物は売れていかないものだ。

ただ、情熱だけではもちろん売れない。情熱がベースにあって、そこからはウィンウィンの世界である。お互いに利益があり、お互いに業績を上げるにはどうすればいいのかというロジックで、提案していくのが最大のポイントだ。

押し売りの営業では絶対に長続きしない。こちらがいくら売り込んでも「あなたにとってはいいかもしれないけれども、私たちには大したメリットがありませんよ」と言われるのが落ちだ。だから、私は常に相手にどういうメリットがあるかを考えながら提案することを心がけていた。

どこの工場でも事業所でも、電気料金は安いに越したことはない。固定費である電気料金を削減することができれば、それだけ利益が増えることになる。その点を強調して、営業を行なったのだ。

なかでも「伝説の提案型営業」と言われたのが、エコ・アイスを小学校に売り込んだプロジェクトだ。中国電力管内では初めてであった。

小学校に限らず、学校にとって夏季は授業がない夏休みの期間であり、空調機器をほとんど使わないために、そもそも空調機器の省エネというロジックが成立しない。にもかかわらず、どうやってエコ・アイスを導入させたのか。

当時はまだエコロジーという概念が広まっていない時代だったが、私が考えて提案したのがエコスクールだった。

校舎の横にエコ・アイスという空調機器を設置し、屋上に太陽光パネルを取り付ける。そして、今現在、何キロワット発電しているか、目に見える形で表示する。さらに、担当者の私が子どもたちを対象にしたエコの出前授業もするというプロジェクトだ。

言ってみれば、発想の転換である。エコ・アイスを空調システムと捉《とら》えず、「教育機材」と見なしたわけだ。

この提案を引っ提げて山口県下松《くだまつ》市の教育委員会の担当者を口説《くど》いたところ、市内の小学校に導入されることになった。エコ・アイスのタンクに黄色のシートを張り、「エコ・アイス稼働中」や「電気料金のメリット」などを易しく説明したパネルを作って展示した。

とにかく売りまくった。その結果、私はエコ・アイスの売り上げで全社トップになり、社内表彰を受けた。エコ・アイスの営業について営業部の成果事例発表会でプレゼンを行なったが、このときに私流の販売戦略について説明したのである。

伝説の営業マンの販売メソッド

私が考えた販売メソッドについて紹介しよう。

大事なことは、まず商品の特性を理解することだ。エコ・アイスで言えば、最初の現状認識として重要なのは、どこの事業所にも空調機器があるという事実である。

空調機器のない事業所はほとんどない。しかも、空調機器は消耗品である。そうだとすれば、前の年に空調機器を取り付けた事業所に営業をかけても買ってもらえる見込みはない。

しかし、企業は常に設備投資を繰り返していくので、ある時期になると必ず空調機器を替えるはずだ。空調機器はだいたい減価償却《げんかしょうきゃく》までに七〜八年かかり、十年経つと買い替えるというのが当時の常識だった。十年以内に買い替えるとすれば、誰をターゲットにして営業をかけるべきかが、自ずと明らかになる。

その場合、全国チェーンの店で現場の担当者に営業をかけてもダメである。決定権を持っている人に提案しなければ意味がない。

その事業所の空調機器はいつ頃壊れる見通しか。その事業所では誰が決定権限を持っているか。そもそも、その業界にとってエコ・アイスを導入することで電気料金のメリットがあるのかないのか、などについて下調べすることが重要になってくるわけだ。

すべての事業所を対象にしている電力会社は、どこの事業所がどれだけの空調設備を持っているかについては、電気料金の契約を通じてある程度の情報を得ることができる。そうはいっても、空調機器そのものを販売しているわけではないから、わからないところは地元の代理店や空調機器メーカーにも営業をかけることによってわかってくる。

だから、会社の営業マニュアルには代理店やメーカーの担当者に顔をつなぎ、情報を取るように指示してあるが、私はそれだけでなく事業所や工場に直に行くことをモットーにしていた。その事業所のキーマンが誰かを見定めるためには、実際に訪ねてみるのが一番だからである。

それはまた営業をメーカー任せにするのではなく、こちらが主導権を取るということでもある。ダイキンであろうが三菱電機であろうが空調機器のメーカーの言いなりではなしに、こちらが川上に立ってどのメーカーを使うかを決める。電力会社にとって、組む相手はどのメーカーでもよいのだ。

もちろん、特定のメーカーを選んだ場合、選ばれなかったメーカーに恨《うら》みを買うリスクはある。しかし、私は常にエンドユーザーである事業所や工場からの信頼を勝ち取っていたので、むしろメーカーのほうからすり寄ってきた。エンドユーザーを取り込めたら、営業マンは強いのだ。

また、地域の特性を見定めることも定石のひとつだ。

たとえば、私が担当した下松市は日立製作所の工場があり、日立グループで成り立っている町であった。そういう地域性があるのに、ダイキンのエアコンを持って行ったら、それは総スカンを食らうに決まっている。多くの住民が日立関連の仕事で暮らしを立てているのに、他社の製品を持ち込んだら「なんだ、コイツ」と思われて反感を買うだけだ。

だから、その地域がどういうふうに成り立っているのかを事前にリサーチして、営業に臨《のぞ》む必要がある。

それから、電力会社としては対メーカー対策では川上に立つが、ガス会社とは競合関係にあり、シェアを奪われるのは困る。したがって、ガス会社にどう対抗するかがとても重要なポイントになってくる。

余談だが、当時はまだエコという考え方だけでなく、分煙という概念もなかった時代だ。にもかかわらず、私が広島支店総務担当一年目の頃、「タバコ撲滅《ぼくめつ》作戦」と称して分煙を先取りしたような取り組みをやったことがある。というのも、現役選手だった私としては、周りの席で同僚がバカスカとタバコを吸っているのが大変不愉快だったからだ。

そうしたら、大変なことになった。すごいバッシングが押し寄せて来て、私はもう悪者扱いである。

その数年後に全国レベルで分煙が始まったが、取り組みがちょっと早すぎたのだ。時期が早すぎると理解されず、世の中に受け入れられない。その教訓から、私は「半歩先を見据《みす》えろ」と言うようになった。

こうして、社内公募で取り組んだエコ・アイスの事業に成功し、私は一年半ほどで本店に呼び戻されることになったのである。

ベンチャーの立ち上げに参加

私がプレゼンをした成果事例の全社発表会には、当時所属していた徳山営業所の山《やま》根芳郎《ねよしろう》所長やその上の山口支店長が随行して来ていたほか、本店営業部の桂眞一郎《かつらしんいちろう》部長をはじめとした幹部たちも出席していた。

発表会も無事に終了して懇親会が行なわれたが、実は桂部長と山根所長は若い頃、同じ山口支店内の営業所で一緒に仕事をした仲だったそうだ。それで、懇親会の後に山根所長にこう言われたのである。

「原くんの今後の人事については、ちゃんとゴマをすっておいたからね。今日のぼくの仕事はこれで終わりだ」

山根所長は彼一流の表現で面白おかしく伝えてくれたわけだが、要するに桂部長に私の栄転を頼んだということだ。

その年の八月のこと。うだるような猛暑の日、私は突然、山根所長に呼ばれた。

「オレ、なんか悪いことしたかなあ」

いろいろと思いを巡《めぐ》らせながら所長室に入ると、山根所長から異動を告げられた。

「もう転勤だから」

「エッ」

「今度、新しく会社を立ち上げるから、そこの営業企画課長として行って来い」

この頃、電力自由化の波が広がるなかで、電力業界では新規事業ブームが巻き起こっていた。主力である火力部門だけでなく、配電部門、総務部門などでも電気事業だけではなしにさまざまな新規事業を立ち上げ、ベンチャー企業を設立する動きが活発化していたのである。

どうやら、営業部長の推薦があって私がその斬り込み隊のメンバーとして抜擢《ばってき》されたらしかった。

これは、想定外の人事異動だった。地方の営業所の一職員が本店肝入りの新規事業のメンバーに入ることなど、通常はありえないことだったからだ。

私が営業企画課長として異動したのは、ハウスプラス中国住宅保証（以下、ハウスプラス中国）という名前のベンチャー企業だった。主な仕事は、建物の検査をする建築確認の業務である。

これまで建築確認の仕事は地方自治体が一手に引き受けていたが、それを民間に開放することになったのに伴《ともな》って設立された。

また、この頃、住宅の性能を同じ尺度で評価し、ランク付けする国の新しい制度が設けられ、住宅やマンションなど建物の耐震性や耐久性、省エネルギー性能や遮音性など九項目についてチェックすることになった。いわば、住宅に付ける通知表のようなものである。

それまでは耐震性や耐久性について共通の物差しがないために、A社の物件とB社の物件を比較したとき、どちらが優れているのかを科学的に判断することはできなかった。そこで、国が耐震性や耐久性などについてランク付けをする制度を整えたわけだ。

この制度に基づいて第三者機関が建物を評価し、公的な評価書を発行するというのが新たなビジネスモデルで、全国に電力会社系や建材メーカー系、住宅メーカー系など、さまざまな母体の企業がいくつもできて競合することになった。ハウスプラス中国は、この新規ビジネスを展開するベンチャー企業のひとつであったわけだ。

第三者機関であるため、中立性を担保しなければならない。その点では従来から中立性の高い電力会社系の企業は信用があったと思う。

ちなみに、時間がかかるのを我慢するならば、従来通り自治体に建築確認をしてもらうという選択肢も残っていた。

五人のアウトロー

ハウスプラス中国は今や百人を超える大所帯になったが、設立当初はわずか五人でスタートした。資本金は五千万円。中国電力だけでなく、三菱商事や中国地方の地方銀行が出資して作った会社だ。営業部門は三人で、社長と営業企画部長、それに営業企画課長の私である。残りふたりは、技術担当だった。

だから、私は会社の約款《やっかん》や社内規定づくりから、パンフレットの作成、パート採用など、営業だけでなく総務、広報、人事などあらゆる仕事を手がけることになった。

ハウスプラス中国初代社長となった吉屋文雄《よしやふみお》は、私のはるか上を行く筋金入りのアウトローで、中国電力でオール電化住宅を普及させた先駆けの男だ。それこそNHKの「プロジェクトX」に登場してもいいくらいの伝説の営業マンである。

電力会社の約款はたいてい、中三社と呼ばれる東京電力、中部電力、関西電力の話し合いで決められるが、オール電化住宅を普及するプロジェクトだけは中国電力発であり、ＩＨクッキングヒーターなども広島発祥の機器である。

オール電化住宅のメリットは何といっても安心安全なことであるが、それだけでなく電気料金が安いという利点もある。停電になると使えないというのはガスも同じだから、電化住宅特有のデメリットとは言えない。

デメリットとなるものは思いつかないが、強《し》いていえば、焼き鳥が美味《おい》しくないことだろうか。煮物系は美味しくできるが、焼き鳥や焼き魚の場合、電気の火力が強すぎるせいか、どうしてもパサパサになってしまう。

今でも忘れないのは、売り上げがほとんどない頃、吉屋社長に呼ばれて社長室に行ったときのことだ。

吉屋社長は会社の通帳を机の上にバーンと叩きつけ、私に言った。

「五千万の資本金は半分なくなったぞ。おまえ、ここでケツ割って本店に帰るか。中国電力に帰るか。そんな恥ずかしいことができるんかいっ！」

吉屋社長にはオール電化住宅の普及を日本で初めて仕掛けて成功させた自負がある

ので、エコ・アイスで売りまくったとはいえ、所詮《しょせん》は素人《しろうと》に近い私の営業スタイルが気に入らなかったようだ。

「おまえの営業は我流《がりゅう》だ。オレの言うことを一から聞け」

そう言って、よく説教されたものだ。

会社スタートから半年ほど経った頃、まだ契約が取れず、このまま破綻《はたん》するかと思われた時期がある。

吉屋社長は相当、頭に来ていたようだが、営業企画部長の江島《えじま》澄《きよし》が私をかばってくれた。

「いや、コイツは絶対やりますから、もうちょっと辛抱してください」

江島部長は、私が可部サービスセンターにいたときに一緒に仕事をしていた仲間で、広島では有名な弁護士の子息だった。家族ぐるみのつきあいをしていたこともあって、事《こと》あるごとに私をバックアップしてくれた恩人でもある。

契約が取れない状況にもかかわらず、私は臆《おく》せずに社長とも部長とも激論を繰り返しながら仕事に没頭していたが、二年目に入った頃から販売は好転し、軌道に乗り始めた。経営目標は設立三年で単年度収支の完全黒字化、五年で累積赤字の解消であったが、わずか三年で累積赤字を解消してしまったのだ。

　私は五人のなかで一番早く退社して、青山学院大学陸上競技部監督に転身した。吉屋社長は中国電力に戻っていれば役員になったはずの逸材《いつざい》であったが、本店には戻らずに退社した。江島部長はその後本店に戻り、グループ営業担当のマネージャーとして敏腕を振るっている。

　リーダーとマネージャーは似て非なるものだ。マネージャーは、型通りのことを着実にやる管理者で、電力会社の幹部にはマネージャータイプが向いている。一方、リーダーはマネージャーとは全く正反対で、型破りな指導者である。だから、ベンチャー企業に向いており、私もそのいい例であった。

三方《さんぽう》一両《いちりょう》得《どく》のビジネスモデル

　話を少し戻すが、ハウスプラス中国が行なう建物の検査は、中国電力の土木建築部門から異動してきた社員が行なった。

どういうことをチェックするかというと、たとえば建物の基礎であれば、コンクリートを打つ前の段階でちゃんと鉄筋が入っているかとか、コンクリートを打つ際にセメントと砂利、水の比率が適正かとか、鉄筋の太さや間隔、ボルトの留め方が耐震性の基準に合致しているかとか、そういった点だ。

実際にスタッフが現場に出向いて確認し、一戸建て住宅だと建築が進む段階で四回前後、検査をして住宅性能を評価し、証明書を発行した。

私は営業企画課長として、顧客に制度の概要や建築確認の説明をするだけでなく、セミナーを開いたりして社会に向けて住宅性能表示制度をＰＲし、普及させる仕事も手がけた。

このような仕事をしていると、手抜き工事やズサンな建築の実態が見えてくる。このときの経験から、私は住宅メーカーや工務店、不動産屋などの言うことがそう簡単には信用できないでいる。住宅性能表示の証明書がない建売住宅については、自分の目で物件をよく見てメーカーや工務店を信用して購入するしかないが、その物件がきちんと建てられているかどうかは住んでみないとわからないのだ。

私は、ハウスプラス中国でも独自の営業を展開した。通常の営業マンであれば、主に住宅性能表示制度の説明をするに違いない。しかし、私はそうではなく、売り方そのものを提案する方式を取った。

たとえば、工務店の社長に会い、こんなふうに力説するのだ。

「建て売りを売るときには、ちゃんと証明書があったほうがいいでしょ。お客さんに証明書を見せれば、まさに安心住宅ですよ」

社長からはもちろん、いい返事は返ってこない。

「そんなもん、見えないもんじゃけん。わからんよ」

「土地さえよかったら売れるよ」

反論されるのは想定内であり、そこは重ねて説得していく。

「場所も間取りもデザインも気に入っているお客さんに、さらに安心住宅の証明書を見せれば、二カ月で売れるところが一カ月で売り切れるかもしれない。そうすれば一カ月分のコストが省《はぶ》けるじゃないですか」

工務店は大概、苦労人のオヤジが少人数で切り盛りしていて、広告部門などは持っていないことが多い。だから、私は社長と膝を突き合わせて広告づくりやネーミングなどについても知恵を出し、側面からサポートした。

このように、当初は本店営業部のマニュアル通りに工務店を主なターゲットにして営業をかけていたが、なかなか契約が取れない。というのも、証明書を発行するために工務店側に設計図面を描いてもらわなければならないからだ。このコストがけっこうかかり、工務店側の負担がかさむため、社長がなかなか首をタテに振らないわけだ。

このため、私は途中から方針を切り換えて、営業のターゲットをマンションにしぼることにした。マンションであれば一棟あたりの報酬が大きく、会社の売り上げに貢献できると考えたからだ。

今でも語り草になっている伝説の提案型営業の成功例は、この時期に生まれている。

プロ野球のシーズン中、広島では夕方六時の時報とともに地元のＲＣＣ（中国放送）ラジオで広島カープの全試合が実況中継される。その中継番組の冒頭に、ハウスプラス中国のコマーシャルが流れるのだ。

そのＣＭは、私のナレーションから始まる。

「安心住宅のハウスプラス中国。みんなで安心マンションを買おう」

つづいて、スポンサーが紹介される。

「きょうの提供は、ライオンズマンションの大京です。大京では全戸、住宅性能評価付き安心マンションをお届けします」

つまり、スポンサーであるマンション・ディベロッパーの提供する物件が安心マンションであり、しかも建築確認の第三者機関であるハウスプラス中国のお墨付きがあることが、ラジオの電波を通じて市民に伝わるという仕掛けになっているわけだ。

このビジネスモデルは、私たちとＲＣＣの担当者の間で何度も話し合いを重ねるなかで考案された。要はどう売るかという売り方が大事だということだ。

しかも、このコマーシャルにハウスプラス中国は一銭も金を出していない。コマーシャルの費用をＲＣＣに支払ったのはスポンサーなのだ。なぜなら、お金を払わなくてもハウスプラス中国がこのコマーシャルに出るだけでスポンサーには大きなメリットになるからだ。

　こうして新築マンションをターゲットに営業をかけた結果、次から次へと契約が取れ、今では広島県内の新築マンションの多くが住宅性能評価付きになっている。

　マンション・ディベロッパーにとっては、効果的なPR戦略である。RCCにとっても大口のコマーシャル収入が入り、私たちハウスプラス中国にとっても自社のPRになる。つまり、この広島カープ・ナイターでのCM企画は、ウィンウィンの上を行く三方一両得のビジネスモデルだったと言えるかもしれない。

まさかの青学監督の話が来た

　三方一両得のラジオCMを手がけたRCC側の営業担当で、その後テレビ営業部長になったのが瀬戸《せと》昇《のぼる》だ。

　実は瀬戸君は世羅高校陸上部の二年後輩で、青山学院大学時代には日本インカレの二部で一万メートル走で優勝したこともあるランナーだ。人柄がいいために周りからの信頼が厚く、大学四年のときには陸上競技部キャプテンを務めた。当然、陸上競技部のＯＢとしてＯＢ会や学内での発言権も持っていた。

高校卒業後もたまに会ったときには酒を飲んで話をしたりする間柄だったが、私が中国電力でエコ・アイスを手がけた頃からはビジネスパートナーとしてつきあうようになり、一緒に勉強会をしたり飲み会をしたりしていた。

その彼とのつきあいが大きな果実として実ったのが、広島カープ・ナイターのラジオＣＭだったわけだ。ＲＣＣの関連会社が住宅展示場をやっていた関係で、一緒にイベントを開催したこともあった。

ビジネスパートナーとしてのつきあいではあったが、飲み会になるとやはり陸上競技のことが話題になる。ＲＣＣは、中国実業団陸上競技連盟が主催する中国実業団対抗駅伝競走大会のテレビ中継やラジオ中継も手がけていたため、自然と陸上の話になったのだ。

そういうときに彼とよく話したのが、旧態依然《きゅうたいいぜん》とした陸上界の体質に対する疑問だった。「陸上って古いよね」という話で意気投合し、盛り上がったのだ。

「ぼくらがやっていた頃の陸上は上から押さえつけられた感じが強く、指導者とのコミュニケーションもあまりなかった。ほんとうに自分自身の考えでトレーニングをしたことなんてないよね」

「そこは陸上でやれなかったこと、やり残したことだよね」

そんな話をしていた二〇〇三年頃、彼のところに母校の青山学院大学から「部を強化するから監督で来てくれないか」という話が舞い込んできた。

青山学院大学は当時、元陸上競技部長で法学部教授だった半田正夫《はんだまさお》先生が学長を務めていたが、地方の校友会支部総会に出席すると、必ず箱根駅伝のことが話題になり、「うちは箱根駅伝に出ないのか」とか「なぜ駅伝を強くしないのか」とか聞かれたようだ。

この頃、青学は硬式野球部が東都大学リーグで活躍し、バスケット部が全国優勝を果たしていたが、箱根駅伝の話題の前にはそんな功績も霞《かす》んでしまうほどだった。このため、半田学長は全国の校友を奮い立たせ、愛校心を高めるためには箱根駅伝の強化しかないと痛感するようになったという。

たとえば、硬式野球部は強かったが、それは愛校心のある指導者が犠牲的精神のもとに支えていただけで、大学が組織を挙げてサポートしているわけではなかった。そこで、半田学長を中心に協議した結果、それまでのスポーツ推薦制度とは別に特別強化部指定制度を設け、陸上競技部とラグビー部と野球部の三つを強化指定部にして強化を図ることにした。

なかでも、大学スポーツの花形と言えば、箱根駅伝である。当分の間は陸上競技部の中・長距離部門に八人の定員枠を割り当ててスカウトするとともに、外部から監督を招聘《しょうへい》し、箱根駅伝出場をめざして本格的に取り組む方針を決めたのである。

そんな経緯から、瀬戸君のところへ監督就任の打診が来たわけだが、彼はＲＣＣという、地元広島では中国電力と並ぶ一流企業のエリート社員である。しかも、自分の仕事に使命感と満足感を感じていたので、オファーを受ける気は全くなかった。それで、親しくつきあっていた私にお鉢《はち》が回ってきたというわけだ。

「原さん、どうですか」

「やらせてもらえるなら、ぜひやりたい」

私はその場で即答した。

確かに彼と同様、私も地元広島の名門である中国電力の社員であり、伝説の提案型営業マンと言われる実績も上げていた。

しかし、電力会社では営業は主流ではなく、いくら業績を上げても出世できるわけでも報酬が増えるわけでもない。それどころか、私は引退するまで五年間にわたって陸上競技部に所属していたため、すでに同期から大きく出世が遅れていた。さらに、やんちゃ坊主だった私にはさまざまなバッテンも付いている……。

そんなわけで、これ以上、中国電力に踏み止まっても未来は開けないと私は思っていた。それと同時に、自分自身が選手時代に陸上競技をやり切れなかった後ろめたさもあったかもしれない。

「もう一度、陸上界で頂点をめざそう」

私は思い切って青山学院大学陸上競技部の監督になり、箱根駅伝優勝に向かってチャレンジしてみようと覚悟を決めたのである。

退路を断《た》って挑む

青学監督への挑戦を決めて、当時の上司だったハウスプラス中国の面々をはじめ、親しい同僚たち、妻、両親、義理の父らに私の覚悟を伝えたが、はっきり言って誰ひとり賛成する者はいなかった。それどころか、反対の嵐である。

それは、そうだろう。

まず、私は選手を引退してから十年間、陸上の試合を見に行ったこともないし、テレビ番組を見たこともない。雑誌の記事を読んだことすらないのだ。次に、箱根駅伝を走ったことがない。そのうえ、選手としても輝かしい成績を残したわけではない。そんなことで、誰が成功すると思うだろうか。無茶だと考えるほうが普通だろう。

しかし、私は自らの決断を覆《くつがえ》す気持ちは全くなかった。いくら反対しても私が聞かないので、家族はシブシブとではあるが了承してくれた。

そのとき、母親にはこう言われたのを覚えている。

「やるんだったら、日本一になりなさいよ」

会社については、私は当初、出向扱いにしてもらえないかと話を持ちかけてみた。

しかし、吉屋社長はさすが一流の営業マンである。

きっぱりと、こう言ったものである。

「人間、退路を断ってこそ、初めて成果が出るものだ。そんな簡単に箱根駅伝に出られると、おまえは思っているのか。そんな簡単なものなら、おまえが監督になる必要がないし、面白くも何ともない。困難だからこそ、死にものぐるいでやるのであり、必死でやるからこそ面白いのだ。そんな保険をかけて行くくらいなら止《や》めたほうがいい。優勝なんて絶対に達成できないから」

これで、私の腹は決まった。退路を断って挑むことにしたのである。

経営が軌道に乗り始めたハウスプラス中国はドライな兵《つわもの》の集団で、「来る者は拒まず、去る者は追わず」の精神であったから、私がいつ抜けてもいいように営業担当を増やして体制を強化した。

このときの私のような立場の人に私が今アドバイスするとしたら、何と言うだろうか。「やってみろ」と言うだろうか、それとも「やめとけ」と言うだろうか。ポイントはその人がきちんとしたビジョンと覚悟を持っているかどうかだろう。

私の場合、監督挑戦を決めた当時から「五年で箱根駅伝に出て、十年で優勝する」と自らのビジョンを公言していた。

また、監督をしながら、メシを食うためにコンビニで働くことや、食堂を経営することも真剣に考えていた。食堂経営を考えたのは、どうせ大学の寮に入っている学生たちは大メシ食らいばかりだから、近くに食堂を開いて朝晩の食事を作り、その収入で生活するというアイデアだった。

この案は実現しなかったが、実現しなくてよかった。食堂など経営していたら、おそらく肝心の指導をする時間がなかったにちがいない。

プレゼンが成功し、監督就任へ

青山学院大学陸上競技部ではこの頃、伊藤文雄《いとうふみお》教授が部長としてさまざまな改革を手がけていた。

伊藤先生は今や大学の看板学部となった国際政治経済学部の新設をはじめ、大学院の国際マネジメント研究科やビジネススクール、それに大学の格付け機関を立ち上げるなど数々の功績を残した超カリスマ教授だ。学生スポーツのほうでも、バスケット部と硬式野球部を日本一に導いたが、陸上競技部長就任の要請にはなかなか首をタテに振らなかった。

その伊藤先生がついに陸上競技部長を引き受けたいきさつについて、次のように記している。

「(バスケット部や硬式野球部を)優勝させるための監督問題で計り知れない辛苦を味わってきているだけに、二度と体育会の部長はしないという気持ちもあり、陸上競技部の安藤弘敏《あんどうひろとし》コーチの再三の要請を断ってきました。しかし、安藤さんから『箱根駅伝にどうしても出場したいのです』と、また故黒岩軍三《くろいわぐんぞう》大先輩からも『先生、お願いしますよ』と言われると、百キロの沿道を青山の学生、父兄、校友で埋め尽くしたら壮観だなという考えも台頭し、結局はそれを夢見て部長を引き受ける結果になりました」

(「青山学院大学陸上競技部　創部90周年史」より)

バスケットで日本一になっても、熱狂させるのはせいぜい体育館いっぱいの観客だ。野球が熱狂させるのは神宮球場いっぱいの観客で、たかだか三万人である。一方、箱根駅伝は沿道に百万人単位のファンが集まり、声援を送る人数が桁《けた》ちがいのビッグイベントだ。それで、伊藤部長は青学の陸上競技部を箱根駅伝に出場させたいと願ったのだ。

青山学院大学陸上競技部は、伊藤部長を中心に強化委員会を立ち上げて、ＯＢ会と一緒になって箱根駅伝出場をめざすことになった。協議の結果、外部から監督を招聘することになり、何人かの候補がリストアップされた。実際の人選はＯＢ会を中心に行なわれたと思うが、そのなかで私の話を聞いてみようということになったわけだ。

私が監督に就任するに至るいきさつについては、青山学院大学陸上競技部の「創部90周年史」に議事録が残っている。伊藤先生が強化委員会の開催日や出席者、案件をメモ書きして残したのだ。

それによると、二〇〇三年七月五日に新横浜グレイスホテルで開催された第五回強化委員会で、私が指導方針のプレゼンを行ない、その後、監督就任の条件についてやりとりをしている。出席者は伊藤部長、前任の岩崎省三《いわさきしょうぞう》監督、安藤コーチ、OB会の中西英一《なかにしえいいち》会長ら十一人である。

陸上競技部側の条件は、次の三つであった。

＊大学嘱託《しょくたく》職員として任用する。

＊任用期間は三年とする。

＊現在の収入は保障する。

また、私の側からの要望として次のようなことが記されていた。

＊三年間の出向および休職しての指導は、中国電力と青山学院大学との関係が今までないので無理である。

＊したがって、退職して就任するしか方法はない。

＊もし、三年間で結果を出した場合、三年後の身分の保障をしていただきたい。結果が出ない場合はその必要はない。

すっかり忘れていたが、この席で私は「結果が出ない場合は身分保障の必要はない」とキッパリと断言し、自らの退路を断っていたのであった。

また、公式の条件とはなっていないが、大学側との水面下の話し合いをしたときに担当理事から言い付けられたことがある。

「あなたはまだ若いから、奥さんと一緒に寮に入ってもらうからね」

そのときはピンと来なかったが、要するに「コイツは夜遊びするかもしれない」と疑いの目で見られたようだ。それで、夫婦で寮に住み込むことが条件に加わった。

妻ももちろん、私の転身に反対だった。妻は自分の仕事を持っていたし、何よりも新築の住宅を購入したばかりだったからだ。しかし、最後は私のわがままを聞いて東京に付いて来て、町田《まちだ》寮の寮母としてずっと私を支えてくれたのである。だから、妻には深く感謝している。

プレゼンの際、私が「三年で箱根駅伝に出場し、五年でシード校となり、十年で優勝する」と宣言したと報道されているが、事実は異なる。私はその後、三年間を青山学院大学の嘱託職員として過ごしてクビになりかけたものの、四年目で結果を残し、二〇〇八年に晴れて職員となっている。正確には、このときに掲げた目標だったのである。

ところが、「三年で箱根に出る」というスローガンがひとり歩きして、その後、私は苦境に追い込まれることになる。

いずれにしても、私のプレゼンを受けた結果、陸上競技部側とOB会側の意見が一致して「原監督でいこう」ということになった。

陸上競技部長が大学側に就任要請をし、理事会の承認を経て、この年の十一月一日付けで正式に監督になり、翌二〇〇四年四月一日付けで青山学院大学の嘱託職員になったというわけである。

第3章　箱根駅伝優勝への道〜ゼロからの大作戦

規則正しい生活から

青山学院大学陸上競技部中・長距離部門の部員は一般の学生と同じように大学で学ぶと同時に、寮生活を送りながら練習し、大会や試合に出場する。

私が妻とともに住み込んでいる町田寮はもともと企業の独身寮で、売りに出されていたのを青学が買い入れたものだ。青学の陸上競技部にはそれまで寮がなく部員たちは通いで部活動をしていたが、箱根駅伝出場をめざして中・長距離部門が強化指定部となり、私が監督に就任するとともに陸上競技部の寮となった。

食堂には六人がけのテーブルが六つあるので、入寮できるのは四十人程度までだろう。二〇一五年一月末現在、部員は四十八人で、一年から四年までの一軍の選手三十八人が町田寮で共同生活を送っているほか、神奈川県の相模原《さがみはら》キャンパス近くにあるもうひとつの寮で二軍の選手十人が生活している。

私が住み始めた二〇〇四年四月にはまだ通いの部員もいて、入寮者は三十人あまりでスタートした。厨房《ちゆうぼう》もなく、食事は業者が作ったものをケータリングしていたため、夏場はサラダの野菜がクタッと萎《しお》れており、残飯の量が多かったのを覚えている。

監督に就任して最初にしたのは、部員たちに規則正しい生活を送らせることだ。そのために起床や食事、就寝の時刻などを決めていた。

陸上競技というのは、そもそも体ひとつで行なうものであり、身につけるのはパンツとシャツだけである。エンジンを付けたり、羽根を付けたりするわけではない以上、規則正しい生活をして体調を整えることがベースになる。

それまでの陸上競技部は、大学のサークルに近い状態だった。朝の練習は雨が降ったら休みになり、途中で歩いたりコンビニでマンガや雑誌を立ち読みしたりする部員もいた。全員一緒に食事を取ることを嫌い、午後の練習が終わると飲み会に行く。あるいは、ラーメンやいわゆるジャンキーなものを食べる。試合が終わった夜にはもちろん打ち上げと称して酒を飲む。ゲロを吐いてトイレを詰まらせる者がいれば、朝の練習に遅れて来る者もいた。

茶髪にしている部員もいるし、新台で打つために朝からパチンコ屋に並ぶ者もいる。私が監督になってギャンブルを禁止したところ、寮の部屋にパチンコ台を持ち込んで、暇つぶしにパチンコをしている者もいた。

だから、監督就任から三年間は競技の指導というよりは生活指導が主たる仕事になっていた。しかし、土壌《どじょう》を耕してよくしなければ、いくら良質な苗を植え付けても実りはない。箱根駅伝に出場するために、しっかりとした土壌を作ることは避けて通れないことであったと思う。

一年生八人は、陸上競技部がスカウトした特別スポーツ推薦で入学した部員だったが、二年生以上は従来からある一般のスポーツ推薦で入ってきていた部員たちである。両者が混在しただけでなく、私がそれまでと違ったルールを打ち出したわけだから、いろいろとトラブルも起こり、苦しい運営を迫られもした。

私が寮に住み込んで監督として采配《さいはい》を振るい始めた当時、すでに二年生以上だった部員たちは欲のない選手が多かった。「楽しく陸上をやりたい」という者もいたが、私に言わせれば「おまえは自由と自主性を履《は》き違えている」ということになる。

現在の門限は夜十時となっており、門限破りはご法度だ。一分でも遅れたら門限破りである。もちろん、事故で電車が遅れたとかトラブルがあったとか理由があって事前に連絡をくれればＯＫだ。

誰かが門限を破ったときには全員が食堂に集まり、延々と反省会が行なわれる。おそらく最低でも一時間以上は前に立たされ、「どういうことだ。いったい、どういうつもりだ」と言ってみんなから吊るし上げに遭《あ》うのだ。

もし無断外泊をしたら、反省会だけでは済まない。髪の毛を切って丸坊主にし、掃除当番を一カ月以上やらねばならないだろう。あるいは、練習への参加停止処分になったり、場合によっては退部処分になったりするかもしれない。

実際に、酒を飲み過ぎて帰りの電車の車内でぶっ倒れ、救急車で運ばれたケースなどもあったが、チームが成熟したここ三年ほどは一件もない。

三年目の廃部・監督解任の危機

最大の危機は、私が寮に入って三年目にやって来た。

私自身の焦りがなかったかと言えばウソになる。嘱託職員として契約した三年間で結果が出せなければ更迭という制約が、私の肩に重くのしかかっていたからだ。

「結果を出さなければならない」という無意識のプレッシャーから、三年目の新入部員をスカウトするにあたって、スカウティング・ポリシーもないままにズルズルと進めてしまった。多少は素行《そこう》が悪くても、高校時代の記録がいい選手を求めたのである。

二年間の地ならしで部の土壌がよくなったので、素行が悪い選手を採《と》っても大丈夫だろうと思ったのだが、それは大きな勘違いであった。

ある新入部員は高校時代、学年で全国トップクラスの記録を出していたが、実はスカウトにあたって高校の指導者たちからは「素行が悪いから絶対に採っちゃいかん」と釘《くぎ》を刺されていた。

しかし、自慢ではないが私自身があまり素行のよい人生を送ってきているわけでもなく、素行が悪い生徒が劇的に変わるタイミングがあることも承知していた。それで、本人と膝詰めで話し合い、やる気があるのかどうか覚悟のほどを質《ただ》すことにしたのだ。

「昔のことは、オレは知らん。でも、これからはオレと一緒にやってくれるか」

腹を割って話したところ、その子は「やります」と言ってくれた。心が通じ合えたと思った私は、彼を採ることを決断したのだ。

ところが、結果的に私は裏切られてしまった。

教育者として本人たちの人権とプライバシーを守るため、具体的なことは一切書かないが、要は寮のルールと厳しい練習に順応《じゅんのう》できず、学業との両立もうまくいかず、私の言うことも聞かなかったということだ。

大学側は保護者に弱いから、たとえば「夜十時の門限が厳しすぎる」というクレームに対し、保護者の意見に安易に同調してしまう向きがある。報告書には「他の部には門限のないところが多く、確かに厳しい」というようなコメントが書かれていたが、それを見た私は内心、思ったものだ。

「ハアーッ？　箱根駅伝で勝つ気があるんか、おまえは」

本来なら助けてくれるはずの教職員からも全く信用されていなかったという事実を突き付けられ、私は心底ガックリ来た。それまで二年間にわたって取り組んできた基本スタイル、つまり誰が監督になってもやっていけるチームづくりのための組織改革や、「規則正しい生活」というチーム運営のコアな部分を、まさか否定されるとは思ってもいなかった。

また、ある陸上競技部OBから「オレらのやる仕事は、広げた風呂敷を畳《たた》むことですね」と言われたときは、ほんとうに切ない思いをしたものだ。風呂敷を畳むとは、要するに私のクビを切るということだ。

このトラブルは、部全体に大きな影響を及ぼした。結局、この年にスカウトして入部した新入部員三人が夏までに退部するという最悪の結果になってしまった。

この事件によって、部員たちは青学らしい持ち前の明るさを失った。それは、部員たちの目を見れば一目瞭然《いちもくりょうぜん》だった。ドローンと沈んで輝きがないのだ。陸上競技部そのものがおかしくなり、その余波がしばらく収まらなかった。

退部していった部員たちは高校時代の記録は学年でも上位だったが、今思えば青学のカラーではなかった。

性根《しょうね》の曲がった者はうちの部には合わない。私は鉄拳制裁や体罰を否定しているので一切手を出さないが、そういった性根の曲がった者を更生させるには鉄拳制裁を認めている運動部が合っているかもしれない。

薄皮一枚でクビがつながる

結局、嘱託の契約が切れる三年目、二〇〇七年正月の箱根駅伝では出場どころか、前年の予選会で十六位と低迷した。結果を出せなかったわけだから、当然のようにOB会や大学サイドから「原でいいのか」「原を替えろ」というブーイングが沸き起こった。

しかし、ここでも助け舟が出された。二〇〇四年に入学・入部した強化指定部一期生である四年生たちが強く主張してくれたのだ。

「最後の学年を原監督と一緒にやりたい」

後で知ったことだが、安藤コーチが青学陸上競技部のOBで、かつ大学職員だったことから、水面下で大学側に働きかけてくれた結果、私のクビ切り刑に一年の執行猶予が与えられた。ただし、「一年後はわからんよ。それなりの結果を出さんと再契約はないからな」と、釘を刺されたのはもちろんである。

監督就任四年目、二〇〇八年正月の箱根駅伝に向けた前年の予選会では十位に入り、記録だけで言えば出場できるタイムだった。ところが、関東インカレポイントという制度があって、関東学生陸上競技対校選手権大会（関東インカレ）のトラック＆フィールドの成績を点数化して合計したポイントで逆転され、箱根駅伝出場一歩手前の次点になったのだ。

箱根駅伝では、次点になった大学の監督が関東学生連合選抜チーム（以下、選抜チーム）の監督になるという慣例があり、私はその慣例にしたがって監督として選抜チームを率いることになった。

ここは腕の見せどころである。方針は明確だった。選抜チームは予選会で敗れたチームの上位選手が集結しているため、個々の能力は高いのだ。選手十人の予選会のタイムを合計したら、予選会トップのチームよりも上である。

つまり、力は十分にあるわけだ。では、何が足りないかと言えば、心の絆《きずな》である。選手相互の間に心の通い合いがないから、本番で力が発揮できない。「だったら、それをやればいい」というのが私の考えであった。

選抜チームが編成されると、箱根駅伝の前に合宿をやり、最初の顔合わせをする。前年までは車座になって自己紹介をした後、ユニホームの採寸をし、「月刊陸上競技」のカメラマンによる写真撮影に臨んで「ハイ、解散」であった。

私はその慣例を覆《くつがえ》し、「今からミーティングをする」と宣言した。そして、メンバーにこう問いかけたのだ。

「君たちはどういう思いで箱根駅伝をとらえているのか。お祭りだから大学時代の記念として出られればいいのか、それとも出るからには優勝を狙《ねら》うのか。あるいは三位に入りたいのか。それをまず話し合い、チームとしての意志を聞かせてくれ」

青学の陸上競技部では現在、目標管理ミーティングをやっているが、このときも形は違うものの同じコンセプトでミーティングをさせたわけだ。要は集まったメンバーの間で意思の疎通をはかり、心の絆を作ればいいのだ。

そこで、十六人の選手をランダムに二グループに分け、このチームで自分たちがどういう目標を立てるか、延々と二時間以上にわたって話し合いをしてもらった。私はときどき口を差しはさむ程度で、基本的には脇で話を聞いているだけだ。

選手たちの発言を聞いていると「この子はリーダーシップがあるなぁ」とか「この子は箱根駅伝で有終の美を飾りたいのだなぁ」とか「この子は覇気《はき》がない。あきらめているなぁ」とか、それぞれの姿勢や意欲が見えてくる。

最初はボソボソと始まった会話もだんだん盛り上がり、結局、箱根駅伝で三位をめざすことが彼らの目標になった。

結果は、堂々の四位である。これは、選抜チームとしては始まって以来の快挙であった。私が監督に就任して以後で、選抜チームが十位以内に入ったのは、この年と翌年の二回だけである。

それは、当然なのだ。選手だけでなく、監督もやる気がないわけだから最下位になるケースが多いのが現実だ。駅伝というのは「心の襷リレー」であるから、心の絆がないチームの場合、往路で遅れを取ったら復路で挽回することはありえない。

この快挙によって「原は指導者として力がある」と大学内外から認められたようだ。予選会の結果が次点でなければ、選抜チームの監督になっておらず、私は契約を更新できずに監督のクビを切られていたことだろう。

話がそれるが、監督を退任していたら、お好み焼き屋を始めていたかもしれない。根っからの広島人である私はお好み焼きが大の好物で、昔も今も家でお好み焼きをするときは私が作る係である。

青学の寮でも一～二カ月に一度、食事会をするが、部員たちに「何を食べたい」と聞くと、大概お好み焼きという答えが返ってくる。各テーブルに分かれ、選手たちは関西風、広島風、あるいはオリジナルの焼き方で、楽しい会話を弾《はず》ませながら鉄板コミュニケーションを行なっている。

東京には本場広島風の本格お好み焼き屋が少ないので、私が経営するお好み焼き屋はきっと流行ったことだろう。私がクビを切られなかったことで、東京の人たちは私が料理するとびっきり美味《おい》しいお好み焼きを食する機会を失ったのだ。

それは冗談だが、まさに危機一髪。薄皮一枚でクビがつながったわけだ。

こうして、私は丸四年間の嘱託期間を経て、監督就任五年目にしてようやく青山学院大学の正式な職員になったのである。二〇〇八年四月一日のことであった。

箱根駅伝のイロハ

ここで、箱根駅伝についてよく知らない読者のために、最低限の知識をお伝えしておきたいと思う。

ランナーが次々に襷を渡して一定区間を走る駅伝は、日本で発祥した競技である。だから、英語ではEKIDENと表記されている。そもそもはマラソンランナーを育成するために創案されたという。

全国各地でさまざまな駅伝の大会が開かれているが、なかでも注目を集めているのが、関東学生連合が主催する東京箱根間往復大学駅伝競走、通称「箱根駅伝」である。

毎年一月二日の朝、東京・千代田区大手町の読売新聞東京本社前をスタートして、ゴールの神奈川県箱根町の芦ノ湖《あしのこ》駐車場入り口までの往路が五区間、一〇七・五キロ。翌一月三日の朝、今度は箱根町のゴール地点をスタートして大手町までの復路が五区間、一〇九・六キロ。合わせて十区間、二一七・一キロを十人のランナーが襷を掛けて走る。

箱根駅伝は、青学が優勝した二〇一五年一月の大会で91回目を数える伝統ある駅伝である。また、日本学生陸上競技連合が主催して毎年十月に島根県出雲《いずも》市で開催される六区間、四十五・一キロの出雲全日本大学選抜駅伝競走（以下、出雲駅伝）、十一月に名古屋市の熱田《あつた》神宮から三重県伊勢《いせ》市の伊勢神宮まで八区間、一〇六・八キロを走る全日本大学駅伝対校選手権大会（以下、全日本大学駅伝）とともに大学駅伝の三大レースのひとつとも言われている。

ここで箱根駅伝の歴史を簡単に振り返ると、戦後しばらくは日本大学、日本体育大学、中央大学、順天堂大学、大東文化大学などが強豪校であったが、この頃はまだ箱根駅伝自体が世間からあまり注目されていなかった。

それが一九八〇年代になって瀬古利彦《せことしひこ》さんが入学した早稲田大学が優勝争いにからむようになると俄然《がぜん》、注目を浴び、一九八七年から日本テレビが全区間の中継を始めたのを機に全国的な人気を集めるようになった。

瀬古さんは一九八三年の東京国際マラソンで世界歴代三位のタイムで優勝したほか、ボストンマラソンやロンドンマラソンなど国際大会で何度も優勝したトップランナーのひとりで、引退後はヱスビー食品陸上部監督などを歴任し、現在はDeNAランニングクラブ総監督を務めている。

一九九〇年代になると、箱根駅伝人気に目をつけた新興の大学が台頭。山梨学院大学や神奈川大学が優勝を飾った。

また、二〇〇〇年代になると、駒澤大学や東洋大学が復活して優勝争いにからみ、二〇一〇年代になると青学や明治も強豪校に入るようになった。第91回大会で五強と言われたのは、駒澤、東洋、明治、青学、早稲田の五校であった。

箱根駅伝は出場選手が十人と多く、ひとりの選手が走る距離も二十キロ前後と長いなど他の駅伝と違った特徴があり、どの区間にどの選手を配置するかという監督の采配とともに、十人の選手が実力を発揮できるようにコンディションをうまく調整できるかどうかが命運を分ける。

箱根駅伝の十区間のなかでも二番目に長く、最後に坂がある難関コースが鶴見《つるみ》〜戸塚《とつか》間、二十三・一キロの二区である。各校のエースがそろうため「花の二区」と呼ばれる。過去の大会でも、各校のエースたちが抜きつ抜かれつのデッドヒートを繰り広げたのをはじめ、転倒や棄権のアクシデントなど数々のドラマが生まれている。

小田原《おだわら》から箱根のゴールまで山を登るのが二十三・二キロの五区である。標高十メートルの小田原から十八・六キロ地点にある標高八七四メートルの芦之湯《あしのゆ》まで延々と駆け登り、その後、標高七二四メートルの芦ノ湖まで一気に下る。この区間には湯《ゆ》本《もと》、宮《みや》ノ下《した》、芦之湯などの温泉街があり、沿道の声援がすごい。

復路の六区は五区の逆を走るために、今度は下りのスペシャリストが求められる。トラックでタイムのいい選手が実力通り走れるかどうかわからないのが駅伝の恐さであり、面白さでもあるが、箱根駅伝はこの傾向がひときわ顕著《けんちょ》である。

一番極端なケースが「ブレーキ」と呼ばれる体調不良だ。走行中に脱水症や低体温症、肉離れなどを起こしてスピードが落ち、場合によっては止まってしまったり転倒・棄権したりすることもある。

大学駅伝のスター選手がブレーキを起こすこともあり、そんなときは実況中継しているアナウンサーの絶叫が全国のお茶の間を騒がせることになる。

理想が見えてきた

二〇〇八年十月十八日、雲ひとつなく晴れ上がった青空の下、第85回箱根駅伝の予選会が行なわれた。コースは、陸上自衛隊立川《たちかわ》駐屯地から国営昭和記念公園までの二十キロで、ゴール地点のある公園内で参加各校の成績が発表された。

箱根駅伝への出場が決定した大学の名前が次々に読み上げられていくが、青学の名はなかなか呼ばれない。半田学長をはじめ、詰めかけていた多数の青学関係者が固唾《かたず》をのんでアナウンスに耳を傾けた。

「第十三位……青山学院大学」

最後の最後に青学の名前が読み上げられたとき、大学やOB会の面々は思わず歓喜の雄叫《おたけ》びを上げ、抱き合って喜んだ。私も思わず感涙にむせび、同志たちと抱き合って目標実現の快挙を称《たた》え合ったのである。

半田学長はこのときのことを「本戦出場を決める最後の枠に入ったときの感動はそこに居合わせた者でなければ味わうことのできない激しい熱狂的なものであった」と前述の創部90周年史に記している。

青学陸上競技部は、青山学院がまだ専門学校であった一九一八年に創部された伝統ある部だ。創部当時、中学部はすでに陸上競技の名門として知られていたが、その後、高等学部も充実して日本トップクラスの名選手を出している。

箱根駅伝には、一九四三年一月の第22回大会に初出場した後、しばらく出場が途絶《とだ》えていた。再び出場を果たした一九六五年一月の第41回大会以後、続けて出場したが、一九七六年一月の第52回大会で最終ランナーがゴール手前百五十メートルのところで倒れ、ゴールすることが叶《かな》わなかった。

それ以来、青学は箱根駅伝から遠ざかっていたので、このときは実に三十三年ぶりの出場ということになる。しかも、二〇〇八年はちょうど創部九〇周年にあたり、OBや関係者の喜びはひとしおであった。

二〇〇九年正月の第85回箱根駅伝での成績は、出場した二十三チーム中の二十二位。一チームが途中棄権したので、完走したチームのなかでは最下位であった。しかし、ビデオ映像でゴールシーンを見てもらえばわかるように、最終ランナーで四年の宇《う》野《の》純《じゅん》也《や》は青学が優勝したかのような満面の笑顔でゴールしている。「これぞ青学カラー」という爽《さわ》やかなゴールシーンであった。
このときに掲げた目標が「笑顔の襷リレー」である。四区を快走したキャプテンの先崎祐也《まつさきゆうや》はこう感想を記している。

「三区の選手が最高の笑顔で襷を中継点に持ってきたとき、私も自然と最高の笑顔が出ました。走り始めると早速『青山学院大学がんばれ』という声援と幟《のぼり》が見え、その応援は約二十キロもの間、途絶えることはありませんでした。走っていて、青山学院大学の応援が一番であったように感じました。それからも青山学院大学の選手は笑顔の襷リレーを続けてくれ、また、途絶えることのない熱い声援も続き、青山学院大学が一つになって箱根路を駆け抜けていくことが出来ました」
（「青山学院大学陸上競技部　創部90周年史」より）

監督就任六年目となる翌二〇一〇年正月の第86回箱根駅伝では、一気に八位に浮上し、四十一年ぶりのシード権を獲得する。

その後も二〇一一年が九位、二〇一二年は五位で、大学三大駅伝のひとつである出雲駅伝では初優勝を果たした。箱根駅伝のほうは二〇一三年が八位、二〇一四年が五位となって、二〇一五年正月の第91回で、ついに初優勝を果たしたのである。

一年生で入部して四年生で卒業する四年間を一サイクルとすると、私が監督に就任して最初の四年間は、箱根駅伝に出場できるしくみ、あるいは下地を作るのに苦労した四年間であった。それが、五年目で初出場してから青学はギアチェンジして、完全に軌道に乗り始めたのである。

話が少々脱線するが、私自身の生きざまも、あるいは私自身の脳の回路もそうなのだが、ある時期に突然花開くのだ。卑近《ひきん》な例で恐縮だが、たとえばスーパーマリオブラザーズというテレビゲームがそうだ。私は妻とふたりでこのゲームを楽しんでいたが、最初は妻に負けっぱなしであった。ところが、ある日突然、私が勝ってからはずっと勝ちっぱなしなのである。自分でもどういうことなのかはわからないが、ある時点で突然ひらめくというか、脳内で発想の転換が起きるようだ。

逆に言えば、基礎勉強が不足しているとも言える。実は私の父親は小学校の教師であったが、子どもの頃に「勉強せい」と言われたことはない。陸上にしても理論も何もなく、ただ「走っとけ」の世界であった。しかも、高校・大学とスポーツ推薦で進学したために基礎勉強をほとんどしていないので、他の人と脳の回路の働き方が多少違うのかもしれない。この点は私の弱点であると同時に、個性でもあった。

私の理想とする陸上競技部になってきたなあと実感するようになったのは、四年間一サイクルが二巡した八年目の終わりぐらいからである。

その間、後退したと思ったことは一度もない。確かに競技成績は多少の浮き沈みがあったかもしれないが、チームのレベルは常に上昇し、前進してきたと思う。

スカウトの極意

強いチームづくりに不可欠なのが、優秀な選手をスカウトすることだ。

どうやって選手を見つけるか、不思議に思う人もいるかもしれないが、まずはデータである。特に陸上の場合、成績がタイムとしてはっきり出るので、そのデータが基本になる。

陸上競技の専門誌でも、五千メートルのタイムのランキングが定期的に掲載されるが、一番手っとり早いのは陸上マニアが趣味で情報収集し、インターネットにアップしているランキング表である。

プロ野球にしても、ある選手がどこそこ中学からどこそこ高校に進み、ドラフト何位でどの球団に入り、いつオールスターに選ばれたかといった情報はマニアのほうがよく知っている。それと同じである。

そうやってリストアップした選手のなかから、青山学院にふさわしそうな高校を選び、その高校と青学とのつきあいや指導者との相性などを検討する。その結果、数百人いた候補がだいたい二十人以内に絞《しぼ》られてくる。

青学は特別スポーツ推薦枠が六名、一般スポーツ推薦枠も合わせると十名前後だから、その二十人の候補と直接会って面接し、親とも話して決めていくのである。

監督就任一年目からスカウトに携《たずさ》わってきたが、三年目のスカウトで大失敗をしたことを教訓に、私は一貫性を持った考え方で選手をスカウトするようになった。

別に難しいことではない。青学らしいカラーの選手を採用するのである。五秒や十秒タイムがよくても、青学らしからぬ選手はダメなのだ。

青山学院のカラーに合う選手とは、どういう若者か。ズバリ言えば、表現力が豊かな人である。そして、自分の言葉で会話ができる人、勉強が好きでしっかりと勉強する人、努力を惜《お》しまない人である。

というのも、部員は陸上の選手であるとともに青学の学生でもあり、昼間は一般学生に混《ま》じって勉強するからだ。

青学の学生というのは大まかに言うと割と華やかで、かつ勉強ができるのが特徴である。そういった一般学生たちと親しくつきあえない部員は、ひとりだけ浮いてしまう危険性がある。その結果、講義にも出なくなり、単位も取れず、大学が面白くないという悪循環に陥ってしまい、陸上に逃避するということにもなりかねない。

そうであるなら、華やかなキャンパスで一般学生と一緒になって活動ができる人でないとダメということになる。つまり、暗い人ではダメだし、相手と話ができる人でないとダメだし、勉強もできる人でないとダメだという理屈になってくるわけだ。

私の陸上競技での指導も、選手の首根っこをつかんで引きずりまわすようなスタイルではなく、その選手の課題に応じたキーとなる言葉を示して成長を促《うなが》すというスタイルを取っている。したがって、コミュニケーション能力が高くないとおそらくついて来られないだろう。

だから、勉強ができるというのは試験の成績がよいとか偏差値が高いとかいうことではなくて、頓知《とんち》が利《き》いたり物事を工夫する知恵があったりすることを意味している。足がいくら速くても他人の話が聞けない人、とくに性根《しょうね》が曲がった人は遠慮してもらうしかない。

高校生をスカウトする際、本人とは必ず面談し、親とも面談して青学の教育方針や陸上競技部の指導方針について説明したうえで意見を聞く。「うちは勉強も大変ですよ」と私が水を向けたときに、「いや、そういうところでやらせたいのです。勉強もちゃんとさせてください」という答えが返ってくるような両親であれば、全く問題ないと思う。

たとえば、箱根駅伝優勝時に八区を走った高橋宗司《たかはしそうし》は高校二年生の秋ぐらいから青学を希望してくれていたが、タイムがそれほどいいわけではなかったので「今の記録じゃダメだよ。いいタイムを出したらね」と伝えていた。そうしたら、三年生になった四月、日本体育大学主催の記録会に青学も出るのを知って、わざわざ自費で上京し、自分を売り込んできた。

その心意気は大いに買うが、彼の走りがバネを利かせて走るタイプでなかったので、私はこう告げていた。

「君の気持ちはよくわかったけれど、補欠合格だ。三人待ちだけどいいの？」

「かまいません。それでも待ちます」

そんな経緯があって、この年の最後の最後に滑り込みで入ってきた選手であった。ところが、入学してからメキメキと力を伸ばし、二年、三年、四年と箱根駅伝に出場し、二回も区間賞を取る大活躍をしたのだ。

高橋のいいところは故障をしないタフさと、ポジティブな姿勢を貫けるメンタルの強さである。実は二〇一一年三月の東日本大震災で、宮城県東松島市《ひがしまつしま》にある実家が被災し、姉の沙織《さおり》さんを亡くしている。そういう苦しみからも逃げず、前向きに走り続けた大学時代の生きざまはすばらしいものだった。

陸上競技の特性

スポーツ選手で企業に入って出世するのは、ラグビーや野球の選手が多い。それはお互いに助け合いながらゲームを進めていくという競技の特徴に基づいている。

ラグビーの場合など、ノーサイド（試合終了）になったら敵味方なしという「ノーサイドの精神」があるため、社会に出ても大学時代にラグビーをやっていたというだけで話が通じるところがある。

一方、陸上競技の選手はと言えば、だいたい会社に入っても出世しない。なぜかというと、第一に暗いからだ。第二に横のつながりを作る動きが苦手である。辛抱強いのでひとつのことをやるのには向いているが、他人とコミュニケーションしたりネットワークでつながったりするのがうまくない。

それは、自然なことだと言える。というのも、彼らはずっとそういう指導を受けてきているからだ。陸上選手はこれまで、指導者から「黙々と走れ」「人とあまり話すな」「チャラいことをするな」「派手に笑うな」といった修行僧のような指導を受けてきたのだ。

自分を殺してひたすら修行僧のように競技生活を送るわけだが、私たちは仏道修行のために陸上をやっているのではないはずだ。そうではなく、みんなから褒《ほ》められるとか、勝利の栄光をつかむとか、もっと泥臭く言えばお金を稼げるようになるとか、そういう目的のために練習を重ねているのではなかったか。

逆に言えば、青学のように楽しそうに練習し、笑顔でゴールするようなスタイルは、陸上界にとっては風上にも置けないということになるかもしれない。そんなチャラけたことでは記録も出ないし、選手の成長にもつながらないという古い考え方の指導者たちの罵声《ばせい》が聞こえてくるようだ。

青学の部員たちがいつも明るく笑顔であいさつするというのは、監督である私自身がそうであり、部員たちがチャラチャラしているのをいちいち注意したりしないということでもある。監督が厳しく注意したら、部員たちは当然しかめっつらをせざるをえないだろう。

同じあいさつでも、煮ても焼いても食えないのが「ちわっス」という体育会系のあいさつである。

「こんにちは」の後に「ス」が付いたスラングで、陸上競技でも大会の会場にいるとあちこちでこの「ちわっス」が飛び交っている。私は「ちわっス」とあいさつされるとこう言い返すのだ。

「おまえ、それっておかしくないか。社会人になってもそんなあいさつするの？　街中でいきなり『ちわっス』とか言ったらおかしいでしょう。会社で上司に『ちわっス。失礼します』と言うのかい。普通にやりなさい、普通に」

ちょっと脱線したが、かつて主流だった軍隊方式の指導は今の時代に合っていないし、選手の成長にもつながらない。その証拠に、青学の選手たちの表情を見てほしい。みんな、ほんとうにいい顔をしている。

修行僧のような指導は、昔のように黒電話しかない時代だからこそ成り立ったものだ。彼女に電話をかけるときも、母親が出るか父親が出るかと緊張してダイヤルを回したり、自動販売機でこっそりエロ本を買って布団の下に隠したりして読みふけった時代の指導方法なのだ。

今のように彼女といつでも携帯で話ができ、インターネットでエロ映像が見られる情報化時代に「他人としゃべるな」「笑顔は厳禁」「エロ本を読むな」「携帯を使うな」

などと言っても無理だろう。だから、軍隊方式の指導はもう終わったと私は思っている。

もちろん、ハードな練習は不可欠だ。ニコニコ笑いながら練習しているだけでは強くなれないことなど百も承知している。そうではなくて、練習では修行僧のように自分に厳しく走るけれども、練習や試合が終わった暁《あかつき》には楽しくやったらいいではないかというのが私の考えだ。

ひとりで辛抱強く続けるが、暗くて横の動きが苦手というのが陸上選手の特性である。その欠点をどう克服して、人とつながる力をつけていくかというのを課題のひとつに据えて、私はいろいろな試みを仕掛けてきた。だから、青学の選手は表現力が豊かで、あるいは人の心がわかる人間に育っていると思う。

こうした私の考え方が正しいことを立証《りっしょう》するためにも、選手たちには常々「絶対、出世せえよ」と言い聞かせているところだ。

「ええか。出世するのは、金もうけのためではないのだよ。社会に貢献し、いい影響を及ぼすためだ。たとえば、飲料メーカーに入ったら、その飲料をどうやって世の中に広めていくか、そのパイオニアになっていかな、ダメだぞ。そのためにはいいポストに就《つ》かなダメだし、そのために出世するのだよ」

　こうした人生哲学を説く背景には、実は私自身の劣等感が潜《ひそ》んでいるのかもしれない。中京大学体育学部から駅伝の選手として電力会社に入ったために、出世のレールから外れて仕事をしなければならなかった屈辱感が全くなかったかといえばウソになる。

　また、陸上選手に特有の暗さや横のつながりの弱さというのは、そのままサラリーマンとしての私自身の欠点だったとも言えるかもしれない。

第4章　青学は、なぜ優勝できたのか

ピーキングというトレーニング

ただ闇雲に体力だけを鍛えることや、運動能力を高めることが指導のすべてだと思っている人が大多数だと思う。試合で結果の出なかったときには練習量が足りなかったとか、心根が悪いからとか、燃えていなかったからとか、よく言われたものだ。

しかし、結果を見て調子の良し悪しを判断するのではなく、ピーキング（大切な大会へ向けてコンディションを最高の状態にもっていくように、調整すること）をトレーニングとして日頃から採り入れ、訓練する必要があると思う。

そのひとつ目が、『目標管理シート』の導入である。

これは、A４用紙一枚に一年間の目標と一カ月ごとの目標、その下に試合や合宿ごとの具体的な目標を書き込んだものだ。大切なのは、自分自身で考えて目標を決め、自分の言葉で書き込むこと。これが、選手の自主性につながるのだ。

また、「もう少し速く走る」といった抽象的な目標はダメで、必ず具体的な目標を書かせている。どんな小さな試合でも目標を設定させ、到達度を確認させる。

部員たちは作成した『目標管理シート』を私に提出する。私はそれに目を通し、コメントを添えて返すのだが、ここのところ何やかやと忙しくて溜《た》まってしまっているのが現状だ。私が目を通した『目標管理シート』は寮の階段の壁に貼り出してある。これを見れば、ふだん話していない部員どうしでも相手が何を考え、どういうことを実践をしているかを理解できるというメリットがある。

目標を設定して、それを実現するためにどうすればよいかを考え、実行していくというスタイルは、私が営業マン時代に常々やっていたことだ。

監督就任当時から指導に採り入れてきたが、やっているうちにある程度のルール化が進み、すっかり定着してきた。とくに四年を一サイクルとしたときの三巡目、つまり九年目、十年目、そして優勝した十一年目はとてもいい形になったと思う。

力がなかなか伸びない選手は、実現不可能な目標を掲げるなど目標設定の仕方がうまくない傾向が見られる。たとえば、五千メートルでタイムを一分縮《ちぢ》めるなどというのは目標ではなくて、妄想でしかない。そういう目標を書いてくる部員にはこう説明する。

「おまえな、これでは、オレが一カ月で二十キロダイエットすると宣言しとるようななもんだぞ」

一歩ではなく「半歩先」というのが私の口癖だが、壮大な目標を掲げるのではなく、手が届くところにある目標を着実に達成していくことが大事なのだ。その半歩が積み重なったとき、四年間でものすごい成長につながっていく。

効果的な目標管理シートの一例として、箱根駅伝で「山の神」として一躍ヒーローになった神野大地《かみのだいち》が箱根駅伝を間近に控えた二〇一四年十二月に書いた『目標管理シート』を見てみよう〈資料1〉。

一番上に書かれている「最強へ向けての徹底」が、チームの年間目標である。「ワクワク大作戦」とは違った青学の一面が垣間見《かいまみ》られると思う。

神野の十二月の月間目標は「箱根駅伝五区区間賞　七十八分三十秒」である。具体的には往路優勝をして復路によい流れを作り、総合優勝を勝ち取るという青写真を描いている。そのためにするべきこととして、神野は次の八項目を挙げた。

一　山登り補強二種目を週に三回やる

~最強へ向けての徹底~

氏名 神野大地

12月・箱根駅伝に向けて

『箱根駅伝 5区 区間賞 78分30秒』

<具体案>

☆ 往路優勝をして復路に良い流れを作る → 総合優勝

◎目標達成のためにするべきこと

1. 山登り補強 2種目 週3回やる
2. 強化を目的とするコアトレ 2種目 週4回やる
3. 各自JOGでもクロカンを使用する
4. 故障予防（夜ストレッチを30分 治療も計画的に）
5. 体調管理（手洗い、うがい、外出時マスク、1日1本R-1）
6. 自分は1月2日 5区に向けて合わせる、最高の状態を作る
7. 1ヶ月間、1秒でも多く陸上のために時間を使う
8. 食生活（バランスを考えてとる）（鉄多い食事をとる）

〈資料1〉目標管理シート（神野大地）

二　強化を目的とするコアトレ二種目を週四回やる
三　各自ジョギングでもクロカンを使用する
四　故障予防として夜のストレッチを三十分する。治療も計画的に
五　体調管理として手洗い、うがい、外出時マスク、一日一本のR―1
六　一月二日の五区に向けて最高の状態を作る
七　一ヵ月間、一秒でも多く陸上のために時間を使う
八　食生活はバランスを考える。鉄分の多い食事を摂る

コアトレとは、体幹を鍛えるコアトレーニングのことだ。クロカンとはクロスカントリーの略で、野山を駆ける長距離走の競技。R―1とは乳酸菌の一種で、要するに神野が体調管理のために飲んでいるヨーグルトドリンクのことである。

それぞれが設定した目標をどれだけ達成できたか、グループミーティングで進捗状況をチェックし、目標を実現するためにどうすればよいかを各自に考えさせる。そのために月に一度、必ず開催しているのが目標管理ミーティングだ。寮の食堂を会場に

して、六～七人のグループに分かれて一時間ほど話し合う。

かつては学年別や能力別などで分けてやっていたが、今は学年も能力も関係なくランダムにグループ分けするスタイルを取っている。いろいろとやってみた結果、このスタイルがもっとも効果的だとわかったからだ。

ミーティングの運営は、すべて部員たちに任せている。当初は私が運営方法を指示したこともあったが、今はもう部員たちがやり方をマスターしているので、任せても全く問題ない。四年生が中心となっていろいろな改良を加え、ミーティングの質もバージョンアップしている。

他にもここ三年ほどで定着したのが、『一言スピーチ』だ。

朝食で食堂に集まった際に、毎朝ひとりずつ前に立ってスピーチをするものだ。町田寮は部員が三十八人いるので一カ月半に一回、自分の番が回ってくるわけだ。

たとえば二〇一五年二月某日、一年生がこんな内容のスピーチをした。

「～と思う、～したいは願望や理想を表現したものであって不確定であるが、～します、～できますと言い切る表現は決意や固い意志を示すものである。自分は強い決意を持っていろいろなことに当たりたい」

願望ではなく決意、覚悟を持って言葉を発しようというスピーチ内容で、彼自身の覚悟が伝わってくるものだった。

このほか、『練習日誌』や合宿に参加したときの『合宿プロジェクトシート』、それに試合に出場したときの『試合結果報告書』なども作成するように指導している。

こうして、目標管理シートや練習日誌などを書くことによって自分の頭で考え、部員たちの前でしゃべることによってみんなに自分の考えを伝えるとともに決意を強くする。さらに、みんなとグループトークすることによって考えや決意を共有し、チームの和を広げていく。

これが、青学メソッドあるいは原メソッドの骨子である。

キャプテンはどう決まるか

部の活動を仕切るのが、四年生のキャプテンと寮長だ。

キャプテンについては、四年生が話し合って決めて私のところへ報告に来るのが常だ。よほどのことがないかぎり、部員たちの決定を尊重する。

ただし一度だけ、私が監督に就任して三年目のクビを切られるかもしれない危機を迎えた年に、次期キャプテンとなった檜山雄一郎《ひやまゆういちろう》は私が指名した。また、三人ほど名乗りを上げて、話し合ってもなかなか決まらなかったこともある。

ちなみに、選挙は基本的にしない。どうしても決まらなければ最後の最後に投票をやることはあるかもしれないが、やっぱり話し合ってみんなが納得した形で決まるのがベストだと思っている。

監督就任四～五年目の頃、学年長制度というのを設けた。これは学年ごとにリーダーを置くもので、三年の学年長は四年でキャプテンになる最有力候補ということになる。あるいは、一度でも学年長を経験した者はリーダーの資質があると認められたわけだから、やはりキャプテンの候補となる。

キャプテンの条件とは何かと言われれば、私の答えはズバリ「男気《おとこぎ》」である。

廃部の危機を迎えた三年目から四年目にかけて、私と一緒に戦ってくれた檜山雄一郎はほんとうに男気のあるキャプテンであった。朝練習をそれまでより三十分早い五時半からとし、寮から八百メートル離れた市民球場に集合とすることで就寝時間を早めることに成功するなど、部員たちの生活改善と部の改革に尽力してくれた。

実は私が監督に就任して以来、箱根駅伝出場の夢を叶えさせてやれなかった唯一の学年が檜山たちの学年で、私は今でも無念の気持ちでいっぱいになる。

いわば「戦友」であるから檜山とは今でも親しい間柄で、二〇一五年二月には箱根駅伝優勝を肴《さかな》に祝杯を上げたところだ。

大学スポーツのいいところは卒業生が巣立って行き、代わりに新入生が入って来るため、毎年メンバーが替わるところにある。つまり、毎年、一生に一回しか組めないメンバーで活動するわけだ。だから、その年の四年生が箱根駅伝で何位だったかということが、一生付いてまわるのだ。その意味では、その部員が四年生のときのチームが自分のチームということになる。

そうであるなら一生に一度限りのチームで部員たちに「あの人のためにがんばろう」「あの人なら付いていける」と思わせるキャプテンにならなければいけない。

たとえば、二〇一五年度のキャプテンに決まったのは、神野大地である。

高校時代の記録はそこそこであったが、スカウティングで面談した際、私の目をしっかりと見て自分の言葉で話したこと、そしてそのときの目がキラキラと輝いていたことを覚えている。まさに青学カラーの快男児であった。

話が多少それるが、青学とスクールカラーがほぼ一緒なのが立教大学である。立教の陸上競技部とはたまに同じ場所で夏合宿をすることがあるために相互の交流があるのだが、立教陸上競技部の雰囲気は私が監督に就任した頃の青学によく似ている。要するに同好会のノリなのだ。それで、部員たちにちょっかいをかけたことがある。

「おまえら、ほんとに箱根駅伝に出たいのか」

「出たいです」

「今のままじゃ、百年経っても出られんわ。でも、おまえら悪い子じゃねえなあ。オレが監督として来た頃の青学に似ているよ。本気でやったら出られると思う。明日、うちの練習においでよ」

そう言って熱く語ったら、何人か青学の練習に参加しに来たものだ。

実際、立教の陸上競技部なら箱根駅伝で優勝することができると思う。ただし、こちらの要望事項をクリアしてもらう必要がある。今のままでは厳しいが、条件がクリアされれば優勝できると思う。すでに監督としての実績とノウハウがあるから、私に任せてくれたら十年と言わず五年から七年で優勝させることができるかもしれない。

立教なら可能性が大きいが、これが慶應義塾大学になると難しい。学業のほうが大変で、陸上競技をするうえでの重荷になり、選手たちに過剰《かじょう》なストレスがかかるからだ。慶應も早稲田大学のスポーツ科学部のように一般学生とは違うカリキュラムを組んでくれれば、可能性が開かれるかもしれない。

栄光の箱根駅伝優勝を振り返る

青学が初の総合優勝を果たした二〇一五年正月の箱根駅伝については、陸上競技の雑誌などに詳しく紹介されたので、ここではポイントだけ振り返っておくことにする。

二〇一五年の箱根駅伝で、青学は「ワクワク大作戦」や「駒大を逃がしちゃダメよ～ダメダメ作戦」などの明るいスローガンを掲げて競技に臨んだ。

優勝が狙える力があるとは思っていたが、現実として九割は難しいと予測していた。というのも、駒澤大学がとても強かったからだ。当初の予想では駒澤大学が優勝すると言われていたし、私もそう予測していた。

私の事前の予想を披露すると、往路は一区で先頭争いをするが、二区で三十秒ほど離され、三区で差が二分ほどに開き、四区はそのままの差で、五区で逆転して三十秒差で勝つという筋書きだった。

翌日の復路は、六区で追いつかれ、七区、八区、九区で競ってデッドヒートを繰り広げ、十区で離されて駒澤に負けるという予測をしていた。というのも、全日本大学駅伝で区間賞を取った青学のエース川崎友輝《かわさきゆうき》が欠場になったからだ。この時点で、青学はアンカーで負けるというのが私の見方となった。

ところが、実際にふたを開けてみると、予想外の展開になったのだ。

一区ごとにポイントを整理して、振り返ってみよう。

◆一区　二十一・三キロ　久保田和真《くぼたかずま》（三年）　区間二位　一時間二分一秒

一区で重要なのは対応力である。

私なりに説明すると、往路と復路で選手をバランスよく配置するのが「旧式」とすれば、三区までにエース級を投入するのが「新式」である。最近は新式で攻めて来るところが多く、東洋大学の田口雅也《たぐちまさや》君、駒澤大学の中村匠吾《なかむらしようご》君がレースの序盤から揺さぶりをかけてくることは必至だったので、スピードがあるだけでなくペースの緩急に対応する能力の高い選手が求められた。

私は一区から三区までをセットとして、久保田和真、一色恭志《いつしきただし》、藤川拓也《ふじかわたくや》の三人をどういう並びで配置しようかと考えたが、結論は「眠れる獅子」である久保田和真の一区への起用であった。

予想通り、田口君、中村君、それに明治大学の横手健《よこてけん》君らとのハイレベルな勝負になったが、久保田が十五キロ地点でスパートをかけたとき、「これなら優勝の可能性は五〇%」と思って見ていた。

久保田は結局、区間二位。区間賞には届かなかったが、タイムもトップから一秒差という僅差《きんさ》で襷を二区に渡し、その後の流れを作った。ケガに泣いた時期もあったが、眠れる獅子は目覚め、見事に大役を果たしてくれた。

振り返ってみると、青学が勝ったポイントは実は一区にあったと思う。先頭争いをしてくることは想定通りだったが、久保田の走りは後に続く青学のランナーたちに元気と勇気を与えるとともに、「今年は青学、いけるな」という感じを強く印象づけた走りだったからである。

◆二区　二十三・一キロ　一色恭志（二年）　区間三位　一時間七分四十五秒

二区の一色恭志は気持ちがはやってしまうタイプなので、「抑えて行け」と口を酸っぱくして言い聞かせた。

一色は私の言うことを理解し、東洋大学の服部勇馬《はっとりゆうま》君に抜かれてもじっと我慢した。その結果、後半もスピードが落ちず、わずか二秒差で三区に襷を渡してくれた。

箱根で最後までしっかりと走り切ることができたので、来季が楽しみだ。二〇一六年二月開催予定の東京マラソンで初レースを予定しているが、初マラソンで二時間十分を切る逸材であると私は確信している。

◆三区　二十一・四キロ　渡邉利典《わたなべとしのり》（三年）　区間五位　一時間三分二十九秒

駒澤大学は三区で中谷圭佑《なかたにけいすけ》君を起用すると見込んでいたが、そうなるとハイペースのレースになる。だとすると、三区で大切なことはハイペースのレース運びに巻き込まれず、自分のリズムで走ることだ。

その役にピッタリの選手だったのが、渡邉利典である。私自身は前年秋の時点から三区・渡邉というプランを温めていた。兵法に「敵を欺く前に味方を欺け」というのがあるが、部員たちにも事前には洩らさなかった。だから、渡邉の起用を発表したとき、部員たちも驚いたくらいだ。

二区ではトップの駒澤大学に大きく離されると予想していたが、一色が健闘してほぼ並んで来た。三区も渡邉が自分のペースで走り切り、トップから四十九秒差の三位とそれほど離されずに襷を四区に渡してくれた。駒澤大学は一区から三区までに三枚看板を使ったにもかかわらず、青学に一分以上の差をつけられなかったのである。

◆四区　十八・五キロ　田村和希《たむらかずき》（一年）　区間一位　五十四分二十八秒

四区の田村和希が十キロを過ぎた時点でトップとの差が縮まり、ラップも田村の表情もよかったので、「これはよっぽどのことがないかぎり勝ったな」という思いを強くした。

そして、田村が五区に襷を渡した時点でトップとの差が一分以内だったことから、このタイム差であれば、五区の神野大地が必ず逆転し、復路もそのまま逃げ切れると思った。「これは百％勝つ、それも大きく勝つな」と優勝を確信したのである。

結局、一年生の田村は、ここ一番の大舞台で区間新の快走を見せてくれた。

◆五区　二十三・二キロ　神野大地（三年）　区間一位　一時間十六分十五秒

十二月二十日の記者会見では、五区は神野大地で一時間十七分五十秒というタイムを想定していることを話した。これは、一年から四年まで連続で出場して四回の区間賞を取り、「山の神」と呼ばれた東洋大学の柏原竜二《かしわばらりゅうじ》選手（現在は富士通）が四年間のなかで一番悪かったタイムである。

箱根駅伝の二区と五区、あるいは五区と八区は共通する特徴がある。花の二区はラストの権太坂《ごんたさか》（県立光陵《こうりょう》高校から境木《さかいぎ》中学校に至る坂）で一回登り、さらにもう一回登りがある。八区も十五キロあたりまでは平地だが、そこから遊行《ゆぎょう》寺《じ》の坂を登っていくことになる。登りの適性がある選手でないと、とても走れない難関コースだ。だから、それまでの一年間に合宿などを通して「こいつは登りもいけるな」という選手を見出して二区、五区、八区に当てるわけだ。神野は前年は二区であったが、今年は五区にコンバートした。

駅伝当日、神野の調子が予想以上によかったので、一時間十七分三十秒が出るかもしれないと思っていた。だからこそ、四区の田村が十キロを過ぎた時点で勝つと思ったのだが、実際に本格的な登りが始まってからの神野の加速には我ながら惚《ほ》れ惚《ぼ》れした。

結局、神野は目標タイムを大きく上回る一時間十六分十五秒で快走し、二位の明治大学に四分五十九秒もの大差をつけて往路優勝のゴールを切った。「山の神野」どころか、超人・神野大地の誕生である。

神野のすごさは、辛くても粘り強く走るスタイルにある。しかも、寒かろうが暑かろうが、風が吹こうが雨が降ろうが、気象条件に左右されず、しっかりした走りができるランナーだ。千葉県富津《ふっつ》市で時々練習をすることがあるが、強風にあおられても安定しているのが神野である。

五区では駒澤大学の選手が低体温症で体調を崩すハプニングもあり、神野の快走は沿道の観客やテレビ中継を見ていた駅伝ファンたちの脳裡《のうり》に深く刻まれることになった。

往路で優勝した夜は、翌日走る六区の選手とともに芦之湯の旅館に宿泊したのだが、夕食のときに言ったのはこんな内容だったと思う。

「明日は守りに入る必要もないし、逆にがんばる必要もない。普通にやりましょう。持てる力を発揮して、自分の走りをしなさい」

往路の選手も復路の選手も、直前の練習は基本的に同じメニューをこなしてきており、調整が一日ずれているだけだった。したがって、往路の選手があれだけ力を発揮できたということは、復路の選手も普通にやれば、区間賞を狙えるところにいるということだ。その意味で、普通にやれば結果としていい記録が出るということを言ったのだ。

分宿している復路の各区間の選手たちにも電話で同じことを伝えて、私は缶ビールの封を切って、ささやかな祝勝会をした。

◆六区　二十・八キロ　村井駿《むらいしゅん》（三年）　区間二位　五十九分十一秒
◆七区　二十一・三キロ　小椋裕介《おぐらゆうすけ》（三年）　区間一位　一時間二分四十秒
◆八区　二十一・四キロ　高橋宗司（四年）　区間一位　一時間五分三十一秒
◆九区　二十三・一キロ　藤川拓也（四年）　区間一位　一時間八分四秒
◆十区　二十三キロ　安藤悠哉《あんどうゆうや》（二年）　区間二位　一時間十分三秒

復路ではもう私のやることは何もなかった。青学の独走がずっと続いたからだ。

六区の村井駿は区間二位と前回六区での十八位のリベンジを果たし、ほぼ想定通りのタイムで私の期待に応えてくれた。

七区の小椋裕介は三年連続の箱根駅伝出場で、ついに区間一位。それも、区間二位だった駒澤大学の西山雄介《にしやまゆうすけ》君に四十六秒という大差をつける圧勝で、この時点で駒大との差は八分以上に広がり、青学の独走、ビクトリーランの気配が濃厚になった。

八区の高橋宗司も二年前に続いて区間一位の快走を見せた。

花の二区ではなく九区に起用したキャプテンの藤川拓也は区間新に四秒まで迫る走りで気を吐いた。九区では、全日本大学駅伝六区で区間賞を獲得したものの、ケガで出られなかった親友の川崎友輝から給水を受ける場面も見られ、その友情に暖かい拍手が送られた。

山の神フィーバーに隠れてしまった感があるが、五人のうち三人が区間賞、ふたりが区間二位という復路の選手たちの快走はもっと評価されていい。

最終走者である十区の安藤悠哉は大観衆が見守るなか、東京・大手町のゴール地点に入り、爽《さわ》やかなガッツポーズでゴールテープを切った。

トータルのタイムは十時間四十九分二十七秒という驚異的な記録で、優勝候補だった駒澤大学に十分以上の大差をつけての圧勝であった。永久不滅とは言わないが、このタイムは気象条件などがそろわないと簡単には破れない記録だと思う。

それから、最後に付け足しておきたいことがある。箱根駅伝に出場したのは十人だが、青学陸上競技部の中・長距離部門には四十八人の選手がいる。つまり、三十八人は出場できなかったということだ。

このことはある意味で厳粛な事実だが、出場できなかった部員にはこう伝えたい。

「箱根駅伝に出ることは、人生のゴールではない。自分の能力を高めていくことが陸上競技の基本である。大学時代に努力したことは決して無駄にはならない」

選手配置の処方箋

二〇一五年正月の箱根駅伝で、青学が総合優勝を果たした勝因は何か。

何十回も聞かれた質問だが、第一にはレースに臨む選手たちの状態がよかったことが挙げられる。第二にその選手の能力を最大限に発揮できる区間配置がピタリとはまったこともあると思う。

別に、青学の選手がとりわけプレッシャーに強いわけではない。しかし、日頃から自分の目標を明確に定め、目標に向けたプロセスを大切にしていけば結果は必ずついてくるというのが、私のふだんからの指導理念である。

目標を定めていれば、どんな小さな試合でも今、自分がどこにいるかという位置がわかってくる。そこから目標に向かってどう進めていくかを考えるわけだ。自分の位置がわからなければ、どうしていいかもわからない。

したがって、どんな大会でも自分の現在の位置をわからせるように目標管理を行なっており、その目標と結果をすり合わせることによって目標管理がしだいに誤差なくできるようになるわけだ。小さな試合できちんとやれていれば大きな大会でも同じことだから、箱根駅伝という大舞台でも変わらないはずだ。

そうはいうものの、箱根駅伝では沿道に大勢の観客が詰めかけて声援を送っているだけでなく、テレビの中継車も伴走して生中継している。そうした現場の雰囲気に飲まれてしまい、ふだんの力を発揮できない選手も出てくるのは仕方がないことだ。

ただ、ほんとうに強い選手はそういう大舞台に立てることがうれしくて、逆にいつも以上の力が出るものだ。そういう選手がほんとうに強いランナーだと思う。箱根駅伝では、そういうタイプの強いランナーは往路に使う。

もうひとつ心がけているのは、成功体験を大切にすることだ。前年度にこの区間で走れたという成功体験がある選手は自信を持ってまた走ることができる。

今回で言えば、九区の藤川拓也がそのいい例だ。本来はチームのエースだから花の二区をはじめ往路の区間を走ってよいランナーであるが、彼はどちらかというとナイーブな性格で成功体験があったほうが力を発揮できるタイプだった。

そうであれば、あえて往路にチャレンジさせて持てる力の八割しか出せないよりは、成功体験のある九区で区間新を狙わせたほうが確実であるという私の判断で九区を走らせたという経緯がある。この読みは当たり、彼は区間新にあと四秒という快走を見せてくれた。

成功体験というのは勝ち癖、あるいは自分の必勝パターンと言ってもいい。会社の営業でも全く同じで、自分の勝ちパターンというのがあるはずだ。パターンというのはある種の軸だと考えればよい。軸がないとあっちに行ったりこっちに行ったりしてブレてしまい、力が集中できないのだ。そういった自分の勝ちパターンを身につけておくことがビジネスマンとして成功するポイントになると思う。

箱根駅伝の場合、十人が全く条件の異なる区間を走るわけだが、誰をどこに起用するかというパズルは複雑系で一筋縄《ひとすじなわ》ではいかない。でも、要するにその選手がもっとも力を発揮できる区間に当てはめていけばよいのだと思う。

藤川のケースを紹介したが、たとえチームのエースであっても花の二区ではいつもの八割しか力が発揮できない一方、九区であれば一二〇%の力が発揮できると見込めるのであれば迷わずに九区に持っていくべきなのだ。

選ばれなかった理由とヒントを伝える

今回、悩みに悩んだのは四区である。田村和希と前年に四区を走った山村隼《やまむらしゅん》、それにトラックでは一年生でベストの記録を持つ中村祐紀《なかむらゆうき》の三人が候補として残っていた。最後まで決められず、田村に決定したのは前日の十二時半であった。

この決定を伝える際に大切なのはなぜ田村を選んだか、あるいはなぜ他のふたりを選ばなかったかという理由をきちんと説明することだ。

私は山村に対しては「君を起用すれば、それなりの結果を残してくれると思うよ」と前置きしたうえで、「それでもハイスピードのレースになっている状況で、トラックでのペースアップが課題だよ」と指摘した。また、中村に対しては「単独走になったときに課題がある」と伝えている。

こうした人事の告知に関しては、私自身がサラリーマン時代に苦い思い出を持っている。あるとき、異動の際に上司からこう言われたのだ。

「ぼくは大卒の人事はよくわからないから。なんなら、人事に直接電話して」

他人事《ひとごと》のように言われて、私は開いた口が塞《ふさ》がらなかった。

「上司のおまえがわからんかったら、オレはどうすればいいんや」

口には出さなかったが、内心そう思ったのを今でも覚えている。

そんな経験もあって、選手の起用についてもなぜ選んだかという理屈を伝えるようにしてきた。そのベースには、理屈がわかる選手をスカウトし、理屈がわかるように訓練を重ねてきた日頃の取り組みがある。

　そうはいうものの、やっぱり選ばれなかった選手は悔しいいし、ガッカリするだろう。なぜ選ばれなかったのか理由を聞きたいだろうし、私が伝えた理由が納得できるものでなかったらやっぱり不満が残り、「自分は外された」と思うかもしれない。だから、単に「次もがんばれ」ではなく、どうすれば次に選ばれるようになるかというヒントを与えて、こんなふうに踏み込んで伝えることにしている。

「君はこういう理由でこういったところに課題があるから、今回選ばれなかった。だけど、来年に向けてこういうところをもっと努力したら選ばれるチャンスが増えると思う。だから、がんばりなさい」

　なぜそこまでするかというと、こうした経験を自分が人間として成長するきっかけにしてほしいからだ。

　会社でも人事異動を告げる際、理由を説明されることはほとんどない。だいたい「君はもっと羽ばたける」とか「新しい部署でがんばってくれ」とか、当たり障りのないことしか言わないのが常だ。本人が希望する異動の場合はいいが、そうでない場合、それではフラストレーションが溜まるだけである。

どういう理由で異動になったか、どうすれば希望の部署に行けるのか。ダメなところがあったら「君のここが悪かったから異動になったのだ」と、上司は部下にきちんと説明すべきではないだろうか。

理由を説明しないということは、要するに部下が希望の部署に行けるように、その望みを叶えてやるために上司が戦っていないということだ。「次はこういうステージに行くから、一緒に努力しよう」と言われたらがんばれるのに、そういう上司にはなかなか巡り合えないものだ。

ただ部下側も上司との飲み会やゴルフといった職場内コミュニケーションをはかることが、ときには大切であることを忘れてはならない。

だから、社会に出ていく陸上競技部の学生たちには常々言い聞かせている。

「おまえたち、オレの二の舞は踏むな。上司とは絶対ケンカをするな。その代わり、男たるもの、主義主張は当然すべきだ。陰でグダグダ言うな。言うべきことはちゃんと言え。ただ、二回までだなあ。三回やったら干《ほ》されるぞ」

悲願の専用グラウンド

実は青学の陸上競技部には専用のグラウンドがなかった。寮のある町田市や相模原市、大和《やまと》市などの市営競技場で練習したり、他大学のグラウンドを借りたりして練習を続けてきたのである。

だから、専用のグラウンドを持つことは、私が監督に就任した当時からずっと要望を出してきた悲願であった。

専用グラウンドだけではない。専用のマイクロバスや強化器具、あるいは専任コーチやトレーナーの設置などについても、企画書を作って大学側にお願いをしてきた。エクセルやワード、パワーポイントなどを駆使し、自分で企画書を作成してプレゼンするのである。ここでもサラリーマン時代のノウハウが役に立っている。

大学側が動いたのは箱根駅伝出場を果たしてからのことだったが、何度も何度もあきらめずに要望を出したことが実ったと思う。二〇一二年度に、ついに専用のグラウンドを持つことができたのである。

その際に、アップ・ダウンのあるクロスカントリーの走路も作っている。

当初の計画では走路を八レーン作ることになっていたが、長距離種目には八レーンも必要ない。それで、「何のために作るのか」「誰のために作るのか」を訴えてレーンを減らし、クロスカントリーの走路を実現した。造成することによって出た土砂を運び出して捨てる手間が省けたので、一石二鳥の結果となった。

アップ・ダウンの走路は箱根駅伝を仮想した練習場であり、脚筋力の強化につながるだけでなく、上下左右のバランス感覚の強化にもなる。また、さまざまな筋肉を使って走ることによって特定の筋肉に負荷が集中するのを防ぐため、故障予防にもつながるメリットがある。

専用グラウンドができた頃から、体幹トレーニングにも取り組んでいる。なぜ体幹トレーニングが重要かというと、コマを考えればわかりやすい。

コマの場合、中心軸が多少でもずれていたら回したときにガタガタする。それと同じで、体の軸をしっかり固定させていないと左右のバランスが崩れてしまうのだ。だから、体幹トレーニングで体幹を強化することによって体の軸を作るわけだ。体の軸ができれば効率的な走りが可能になると同時に、故障の予防にもつながってくる。

こうした基盤整備やトレーニングの充実が、箱根駅伝優勝の礎《いしずえ》になっていることは間違いないだろう。

ステージ4までの組織づくり

二〇一五年正月の箱根駅伝が終わり、二〇一六年度に向けて徐々に意欲を高めているが、その足掛かりとして青学の陸上競技部では今、「男気とは何ぞや」という抽象論で議論を始めている。

そうした抽象論を理解して議論するには、実は高いレベルの理解力が要求されるのだが、それが可能になったのはやはりチームが組織として成熟したからである。

この十年間を振り返ると、組織を作り上げる第一歩は監督である私と個々の部員、つまり「私とあなた」という一対一の関係から始まった。これがステージ1で、青学では規則正しい生活について理解し、実践できるようになる段階だ。

次に、部員たちがチームとしてひとまとまりになると、私がひとまとまりの部員たちを引っ張るという一対多の関係になる。これがステージ2で、青学では学年長制度を採り入れた二巡目の時期にあたる。

その次がホールディング制とでも言うべき形で、ひとまとまりの部員たちを私が上からオブラートに包み込む。これがステージ3で、青学では三巡目に入る頃だ。

そして、最後に指導者である私が後ろにまわって、部員たちを包み込むように指導する。これがステージ4で、まさに成熟期である。

青学で言えば、ここ二〜三年のことだが、成熟期に入っているからこそ優勝を狙えるところに来ていたと言えるだろう。言い換えれば、各年次の四年生がキャプテンを中心に十一年間にわたって積み上げてきた結果が優勝につながったというわけだ。

こうやってステージアップしながら組織は成熟していくのであり、青学は今やステージ4の成熟期に至っているからこそ、キーワードを与えればきちんと理解して自分たちのものにすることができるのだ。

だから、部員たちの自主性を尊重するといっても、ステージ1のレベルでいくら自主性を尊重しても結果は出ないし、うまくいかないのは当たり前だ。ステージ4まで組織が成熟したからこそ、部員たちの自主性が意味を持ってくるのだ。

箱根駅伝に優勝した後、マスコミから「勝因は何か」と聞かれても一言では答えられない理由がわかっていただけただろうか。

ステージ１からステージ４まで組織づくりを進めていった結果が優勝につながったわけだから、当然のように説明したら長くなる。

それは、私と部員たちの十一年にわたる格闘の歴史そのものなのである。

忘れてはならないマネージャーの力

チームを支える縁の下の力持ちが、マネージャー（主務）である。傍《はた》からは見えにくいが、マネージャーはチームの成否を左右するきわめて大きな力を持っている。

私が監督に就任した二〇〇四年度のマネージャーだった益田岳志《ますだたけし》は、部の運営方法やルールの礎を私とともに作った男だ。また、私の代わりに大学・ＯＢ会との交渉や、従来いた部員たちの強化部への意識づけの変換などを一手に引き受けて頑張ってくれた。こうして就任から十一年目に優勝できたのも、益田をはじめとした部員たちの「将来この部をよりよくしてやろう」という思いがあったからこその結果である。

益田は現在、日本のメーカーのアメリカ駐在員として働いており、陸上競技と畑は違えども「将来この職場をよりよくしてやろう」と奮闘している。

先日、箱根駅伝が終わった後にメールが送られてきたので、そのメールを紹介したい。

「選手たちの素晴らしい走りと、監督が十年前から仰《おつしや》っていた十一時間を切るスピード駅伝での勝利の有言実行を見て、年始から感動をいただきました。どうもありがとうございます。

青学陸上部の活躍は、今の私の仕事の原動力となっており、青学の軌跡を自身の目標と重ね合わせて日々仕事に取り組んでいます。今回の箱根駅伝で原監督が達成された総合優勝にさらに勇気をもらいました。

今の私の境遇は、主務として青学陸上部の初期の体制づくりをサポートさせていただいたときに非常に酷似しており、歴史は繰り返すものだなと、昔を懐かしみながら取り組んでおります。

中　略

時間はまだかかりそうですが、考え方に同調できる同志を増やし、まずは当たり前のことを当たり前にできる土台作りを目指します。

ときどき自分の目指している方向が正しいのか、わからなくなる時がありますが、その時は青学陸上部の軌跡と活躍を道しるべに見ております。その点では青学時代の暗中模索よりはラクかもしれません。

活動の舞台は陸上から社会に変わりましたが、在学中にご教授いただいた原イズムをベースに日々努力しております。周囲から感動をもらうだけでなく、感動を与えられる結果をこの駐在期間で達成したいと思います」


二〇一五年正月の箱根駅伝で優勝したチームを支えたマネージャーが、高木聖也《たかきせいや》だ。

箱根駅伝の初日、一月二日には一区の久保田が二時四十分に起床なので、それに合わせて起床し、部のために裏方として力を尽くした。優勝後もメディア取材の対応などに忙殺され、結局一月一日から五日の朝まで合計で十時間も寝られなかったと言うが、高木を含め、部員はみんな五日から大学に通っている。

二年生のときに故障してしまい、私が「マネージャーをやってみないか」と持ちかけた。というのも、高木は男気があって面倒見のいい男であるだけでなく、頭もいいからだ。しかも、ルックスもいい。上に立つリーダーは対外的な応対もしなければいけないため、やはりモッサい人間よりもルックスのいい人間のほうが適しているのだ。

チームをステージ4、つまり成熟した段階に作り上げることができたのには、彼の貢献が大きいと思う。彼に任せることで、私がチームを後ろから支えるような形に持っていけたからだ。

マネージャーをやらせるときには、まず「いついつまで競技をやってみてダメだったらマネージャーをやれ」と予告をする。しかし、その期限が来ても本人にやり切ったという感覚がまだなかったら、こう言って競技を続けさせることにしている。

「おまえ、今のままじゃマネージャーをやらせられないよ。だって、まだ苦しんでいないから。もっと苦しまないとダメだよ。でないと、裏方に回ったときに苦しんでいる選手たちにアドバイスできないぞ」

青学の陸上競技部はニコニコしてチャラけているというイメージが広がっているが、競技の現場ではギリギリの厳しい戦いが繰り広げられているのだ。

マネージャーは選手と対等で、下でもないし召使でもない。マネージャーはキャプテンとともにチームを支える大黒柱の一本である。

高木は優秀なので、そのマネージャーの手腕を買われて、三菱東京ＵＦＪ銀行へ就職した。私に言わせれば、当然のことであった。

問題は偉大なマネージャーが抜けた後である。次のマネージャーを育て、高木の抜けた穴を埋めるのに今、苦労しているところだ。

新たなチャレンジへ

青学陸上競技部の二〇一五年度の年間テーマは「その一瞬を楽しめ～最強への徹底～」である〈資料2〉。その意味するところは、試合を楽しむために、自分で考え、行動し、練習に取り組み、生活するということだ。

競技面では、三冠の実現と関東インカレ二部全員入賞、それに自己記録の向上が三つの目標になっている。生活面では、時間厳守・掃除・礼儀・規則・食事・学業など当たり前のことを当たり前にすることと、報告・連絡・相談、いわゆるホウ・レン・ソウの徹底による組織力の強化を目標に掲げている。

箱根駅伝優勝という目標を達成した今、青学陸上競技部は新たなチャレンジに打って出ないといけない。

青学陸上競技部の場合、これまでは組織全体をつくり上げることに力を入れてきたが、組織自体がある程度の成熟を遂げた今、現状を維持するのではなく、もっと上をめざす必要がある。

大学の学生スポーツである以上、部員たちの成長を促すことが部活動の中心であり、これは未来永劫《えいごう》にわたってやっていかねばならないことだ。その一方で、車の両輪としてトップアスリートを育てることにも今後は力を注いでいかねばならないと思っている。

2015年度青山学院大学陸上競技部テーマ

『その一瞬を楽しめ』
～最強への徹底～

試合を楽しむ為に、自分の意思で考え行動し
練習・生活に取り組む

～競技面～
- 三冠の実現
- 関東インカレ2部全員入賞
- 自己記録の向上(各々の立場で挑戦する)

～生活面～
- 当たり前の事を当たり前に　→時間厳守・掃除・礼儀・規則・食事・学業の徹底
- 組織力の強化　→報告・連絡・相談の徹底

〈資料2〉2015年度　青山学院大学陸上競技部テーマ

かつて瀬古利彦さんが福岡国際マラソンに出場した後、箱根駅伝に出て大会を盛り上げたように、マラソンにチャレンジし、オリンピック出場を狙うというのもひとつの選択肢だ。

神野大地や一色恭志らを二〇一六年の東京国際マラソンやびわ湖毎日マラソンなどに出場させる計画で、今検討を進めているところだ。神野はマラソンの有力候補のひとりだが、とにかく体重が少ないので、もっとたくさん食べて大きくならないといけない。

長距離走の場合、ジュニアでは身長が百六十センチ台の割とコンパクトな体型で速

い選手が多いが、シニアになると筋肉がついて内臓もしっかりするので、やはり体は大きいほうが有利になる。足が長ければ、一歩の歩幅がそれだけ大きくなるわけだから、世界クラスになれば長身のランナーのほうが強いだろう。

日本のオリンピックランナーを見ても、一九八五年の北京国際マラソンで、史上初めて兄弟同タイムで優勝した宗《そう》兄弟（兄の茂《しげる》が一位、弟の猛《たけし》が二位）や、一九九〇年の東京国際マラソンなどで優勝した中山竹通《なかやまたけゆき》らは長身であった。

マラソンの場合、二十代後半以後に勝負する選手が多く見られるが、二十代前半で勝負すべきだというのが私の持論だ。

若いときに徹マン（徹夜マージャン）をしても翌日、平気で仕事をすることができたが、四十歳を過ぎて徹マンなどした日には、一カ月ぐらい疲労が残ってしまう。つまり、若いほうが絶対にスタミナがあるはずなのだ。だとすれば、フルマラソンにももっと若い世代がチャレンジすべきではないだろうか。

いずれにしても、組織としての成熟を維持しながらトップアスリートを育てていくためには、必要なスタッフの充実が絶対不可欠である。これまでは私が全体を見ることができたが、トップアスリートの指導はマンツーマンになってくるため、さすがに両方をひとりで見ることは不可能だと思う。

これまでは部員たちの指導をはじめ、選手のスカウト、大学との折衝から予算管理まで、生活管理を除くすべてを私ひとりでやってきた。部員たちの生活管理は寮母である妻の役割で、部の活動が成り立っているのも妻が下支えしてくれたおかげである。

それで、トップアスリートを育てるという新たなステージに向けて、二〇一五年四月からは非常勤の専任コーチとして瀧川大地《たきがわだいち》が三年契約で入った。これまでも陸上競技部ＯＢで大学職員になった者がボランティアとしてコーチに入っていたが、専任コーチは今回が初めてである。

瀧川コーチは大学陸上部のマネージャーをずっとやっており、各種大会で声を張り上げて選手を応援していたことから、「こいつ、元気がいいなあ。陸上が好きなんだ」と注目していた男だった。

損得勘定を抜きにして青学のために尽くしてくれるという印象を持ったので「うち

で手伝わないか」と声をかけたところ、本人から「行く」と快諾を得たので二〇一四年度から手伝ってもらっている。コーチといっても大学を卒業して三年目なので、部員たちの兄貴分で相談係というような位置づけになると思う。

たとえば、久保田は国際陸上競技連盟が主催する世界クロスカントリー選手権大会、通称世界クロカンをめざしていたのだが、専任コーチが入ったことで合宿への随行はコーチに任せて、私は久保田が世界クロカンの日本代表選手選考会を兼ねた、千葉市の昭和の森公園で開かれる日本陸上競技連盟主催の千葉国際クロスカントリー大会、通称千葉クロカンに出場するのに付き添うことができるようになった。

そして、久保田はめでたく二〇一五年世界クロカン日本代表に選出された。こうして私たちはチームとして、またひとつ勲章《くんしよう》を手に入れることができたのである。

第5章　「逆転」を生み出す理論と情熱

スポーツにも理論が必要

日本の基礎教育の水準は先進国でもきわめて高いレベルに達し、ふたりにひとりが大学に進学する時代を迎えている。

青山学院大学の場合、陸上競技部の部員たちは一般学生同様に、親の躾をきちんと受け、基礎学力の高い学生がほとんどだ。インターネットやＩＴはお手のもので、知識の豊富さには目を見張るものがある。

したがって、こちらがきちんとした指導理念を持ち、理論武装をしたうえで対応しないと言うことを聞いてくれないし、場合によっては見下されかねない。逆に言えば、きちんとした指導理念を持って理屈を説けば、学生たちは付いて来るということだ。

とくに青学の学生には素直な人間が多いので、相手を信頼できると思えば胸襟《きょうきん》を開いて受け入れ、本気で取り組んでくれるところがある。

だから、部員たちに本気で陸上に取り組んでもらうために、何事にもきちんとした理屈を持って当たるというのが私の監督としてのポリシーである。

ただし、注意しなければならないのは、ネット社会の光と闇のうち、闇のほうの弊害として、学生たちは情報の貼り付け作業がすごく上手だということがある。だから、本心では納得していなくても、表面ヅラでよい子を演じていることもあるので、指導者はそこのところを見逃してはならない。

繰り返しになるが、陸上というのはエンジンや羽根を付けたりせず、身につけるのはパンツとシャツだけで、体ひとつで走る競技であるから、第一に規則正しい生活を送らなければならない。それがベースになって初めて、練習を重ねて技術を高めていくという活動が生きてくるのである。

規則正しい生活が送れるようになったら、目的を伝えてトレーニングに打ち込む。これは当たり前のことだ。その際にただ「二十キロ走れ」と命じるのではなしに、なぜ今の時期に二十キロを走るのかという理由をきちんと理解することが大切なのだ。

たとえば、富士山の頂上まで登るといっても、最短時間かつリスク覚悟で険しい道を登ることもあれば、時間をかけて安全を確保しながら大きく迂回《うかい》して登ることもある。山梨県側から登ることもあれば、静岡県側から登ることもある。あるいは、人命救助のためにヘリコプターで山頂に直行することだってあるだろう。

目的を達成するにもいろいろなやり方があるわけで、なぜ今このやり方を選ぶのかということについても説明しないと学生は動かない。

そうやって目的と方法について納得して練習をすれば、上達も速くなる。とくに駅伝のようにチームで取り組む場合に、部員がそれぞれ目的について違った理解をしていたら当然のように着地点もずれてくる。

監督としての私の仕事は目的をきちんと示し、それに向けたレールを敷くことである。レールもなく道なき道を開拓するというのでは、部員もどうしてよいかわからないだろう。だから、私がレールを敷いて方向性を示す。そして、レールに乗った部員たちの背中を少しだけ押してあげるのだ。そうすれば、あとは自らの駆動力《くどうりょく》で走っていくというのが陸上競技部に対する私のビジョンである。

ところが、今の大学や高校の陸上界を見渡してみると、当日にならないと練習メニューがわからないという旧態依然とした状態が続いている。私が高校生だった頃から変わっていない悪弊だ。

中国電力陸上競技部は、坂口監督が指導するようになってから計画性を持って練習メニューを組み立てる態勢が整えられていったと思う。しかし、私は中電陸上部のスタイルから学んだというよりは、ビジネスマンとしてハウスプラス中国から学んだことが大きい。

年間目標を立て、それに向かって手を打っていくというビジネスのプロセスをそのまま陸上競技に置き換えていった結果、指導理念や組織の理論、練習やレースの戦略が生み出されてきた。それを明確化して部員に伝えれば、選手と指導者の間に共通のベクトルができると思うし、それを作りたかったというのがある。

だから、選手時代に抱いた疑問や、今の陸上界の欠点を逆手にとってチームづくりをしているというのが私のスタイルであり、それは私がビジネスマン時代に培《つちか》ったノウハウを応用したものと言えるかもしれない。

情熱が人を動かす

ビジョンを持ち、理論や理屈を説くことは大切だが、どれだけ理屈を説いても最後は「おまえに託すから、おまえ自身のために、そして部のためにがんばってくれ」というような情に訴えるものがないと人間は動かないものだ。

そうした男子の情のことを私は「男気」と呼んでいるが、人が人を動かしていくわけだから、そこにはどうしても情が不可欠である。

ステージ1から4へという第4章で説明した組織の成長論から言えば、ステージ1では「箱根駅伝に出場するぞ」と訴える段階だ。

監督就任後、最初のミーティングのとき、私は部員たちに一枚のA4用紙を配った。そこに書いたのは次の言葉だ。

「人間の能力に大きな差はない。あるとすれば、熱意の差だ」

そして、私は宣言した。

「オレはおまえたちを絶対に箱根駅伝に出場させる」

まず、監督としての覚悟を述べ、部員たちの情に訴えたのだ。

そのとき、「箱根駅伝に出たい者」と言って挙手を求めたところ、部員全員が手を挙げた。しかし、「目的を達成するためには、かくかくしかじかの規則を守らねばならないが、がんばる覚悟はあるか」と問うと、反応は今ひとつであった。

部員たちに「それでも出たい」という覚悟がまだなかったわけだ。だから、そこから整えていかねばならなかったのである。

その後、組織としてのステージが上がっていくわけだが「おまえたちと一緒に箱根駅伝に出たい。一緒に出ようぜ」という私からの強いメッセージは変わらずに送り続けてきている。

やはり監督に就任した年のことだが、今でも忘れられない記憶がある。

陸上競技部が箱根駅伝の予選会に出場するに当たり、「応援に来てほしい」とキャンパスでボランティアを募集したときのことだ。青山キャンパスの部屋に集合ということで待っていたら、来てくれた学生はわずか五人であった。

この年のマネージャーがポツリと言った。

「ぼくらのことを応援してくれる人なんて、そんなにいないんですよ」

その言葉を聞いて、私はエネルギー全開で発破《はっぱ》をかけたものだ。

「そんなこと、おまえが言ってどうするんや。来てくれないから、それで終わりか。

来てくれないなら、来てもらえるように努力するのがおまえの仕事だろうが。たくさんの人に応援してもらえるよう、われわれが努力しないでどうするんだ」

あれから十年あまりが経ったが、当時のことがウソのようだ。

箱根駅伝優勝の記者会見場には取材に来た報道陣があふれ、優勝の祝賀会は校友で満杯だった。そして、相模原キャンパスに近い淵野辺《ふちのべ》駅周辺で優勝パレードが行なわれたときには、およそ二万五千人もの観衆で沿道が埋め尽くされた。

「この活動は母校のために絶対いいことだから、ぜひ来てください」といくら理屈を説いても人は動かない。

最後はやはり、行動力と情熱が人を動かしていくのである。

ガキ大将的な気質

男気というのはある種の情であるから理論的に説明するのは難しいが、私なりに説明すると「ガキ大将的な気質」と言い換えることができるかもしれない。ガキ大将のように子分を従えるような強さと包容力を持った者でないと、なかなか人を動かすリーダー役は務まらないに違いない。

自分の子どもの頃を振り返ってみると、小学校低学年の頃は恥ずかしがり屋で目立たない存在であった。学習発表会のとき、演劇の部と音楽の部に分かれたが、みんなの注目を集める華やかな演劇には行かず、地味な音楽を選んだものだ。それも、大太鼓やタンバリンなど目立つ楽器ではなしに、三十人ぐらいのコーラスで最後列の端っこに隠れるようにして歌ったのを覚えている。

ところが、いつからか、ガキ大将的な気質が強く表に現われてきた。

忘れもしないのは、小学校四年生のときのことだ。私が発案して仲間を集め、「ヒマ人同好会」という名前のグループを作ったのだ。授業が終わった放課後、下水が流れる地下の秘密の場所に集まって話したり遊んだりしていた。

私は子どもの頃から闇雲にぶち当たったり強引に突き進んだりする性癖があり、それはそれで中国電力の営業マン時代や青学監督への転身でも役に立っているわけだが、もうひとつ、作戦を立てるのが大好きという性癖もあった。

こちらの性癖も目標をどうやって実現していくかというビジネスや監督業に役立つ

ており、箱根駅伝で勝つための作戦を「ワクワク大作戦」と名付けたのも子どもの頃の発想の延長線上にあるのかもしれない。私はどちらかというと練習や小さな試合ではあまりワクワクしないが、大きな試合、大舞台になるとワクワクするタイプの人間であった。大げさに言えば、サムライが戦いに行くときの心境に似ていようか。

ちなみに「箱根駅伝で優勝し、次に何をやりたいか」とよく聞かれるが、もし何でもできるのであれば、相撲《すもう》部屋の親方になって日本人横綱を育てたい。

相撲は子どもの頃から大好きであった。小学校時代は、よく祖父の横に座って一緒にテレビの大相撲中継を見たものだ。当時は北の湖《きたうみ》が全盛の時代で、まだ輪島《わじま》も横綱でいて、千代《ちよ》の富士《ふじ》がグングン頭角を現わしていた頃だ。

私は当時、町の相撲大会では横綱を張っていた。小柄で細かったので、いわば小兵力士の部類だったが、立ち回りがすばしこく、負け知らずであった。

それから、トントン相撲という子どもの遊びにも夢中になっていた。紙の力士を戦わせるのだが、自分で番付や星取り表まで作って遊んだものである。

相撲部屋の親方になれるなら、陸上で培ったスカウト力を活《い》かして、柔道やハンマー投げの選手から身体能力の高い者をスカウトする。まずは走れる体を作り、それから食べて体重を増やすのである。

営業マンで得たもの

中国電力を退職して十一年が経ち、目指していた箱根駅伝の優勝を達成した今、営業マンの時代を振り返ったときに何が一番よかったかというと、ほんとうに多くの人間と知り合えたことである。

新規事業の営業に何度もチャレンジしたが、そのつど、大勢の人たちと一緒にコラボして目標に向かって進むことができた。

ウィンウィンの関係あるいは三方一両得の関係をめざして、ひとつの商品を提案することによってみんなが幸せになり、それによって社会も豊かになる。そんな仕事を経験することができたのは、私の人生にとって大きなことであった。

最後に手がけた三つの仕事は、いずれも新規のビジネスであった。新しいビジネスというのはレールに乗せるまで困難を伴うが、それを世の中に普及させていく醍醐味《だいごみ》は何ものにも代え難く、新規事業を成功させたことは私の自信になった。しかも、私に与えられた商品は世に出た後、みんなが幸せになるような商品であったから、ある意味で営業マン冥利《みようり》に尽きると言えるかもしれない。

新規事業にチャレンジするというのは、白紙のキャンバスに絵を描くようなものである。ところが、現実にはがんじがらめの規制があったり、前例にないからダメだと言われたりすることが多く、そんなときには闘志をかき立てられる。

規制やルールは神様が作ったものではなく、人間が作ったものである。そうである以上、時代の変化とともに変えるべきところが出てくるのは当然のことだ。にもかかわらず、一度作ったルールや過去にどうだったという前例にこだわり、物事の本質を見ないサラリーマンが多すぎる。

そうではなく、自分が会社から任された商品を世の中にどうやって広めるか、自分がどうやったら世の中の役に立つ人間になれるか、という視点から仕事をするべきではないか。その結果、多くの人々が幸せになればすばらしいことだと思うがどうだろうか。

そのためにも、担当する商品に自分がまず惚れこむ必要がある。そうでないとなかなか提案できないし、商品が売れることもないだろう。

私は今、青山学院大学陸上競技部の監督をしているが、指導理念やノウハウの多くは営業マン時代に培ったものであり、それがほぼすべてと言ってもよい。

仕事をするに当たっては、いろいろな人と話をしなければならないし、いろいろな人にお願いをしなければならない。無人島で暮らしているなら別だが、この社会で生活している以上、多くの人と交わりながら進めていかないと仕事は成り立たない。それも一対一の関係ではなく多くの関係部署や取引先と調整して進めていくわけだから、当然のようにヨコのつながりはもちろん、タテのつながりや上下のつながりを大切にしていかなければならない。

ところが、競技の特性であるとはいえ、陸上選手はそうしたつながりの部分が欠如する傾向にあるので、寮生活や部活動を中心にその欠点を補うような組織やしくみづくりを進めてきたというわけである。

部活・即・就活

青山学院大学陸上競技部員の就職先は、いいところばかりである。箱根駅伝で優勝した二〇一五年の四年生だと、箱根駅伝の九区で区間賞を取ったキャプテンの藤川拓也が中国電力、八区で区間賞を取った高橋宗司がアサヒ飲料、マネージャーの高木聖也が三菱東京UFJ銀行などで、高木を含めて銀行へ就職する者が四人いる。

私がよく「金融機関だと最後に食いっぱぐれがないぞ」と言うものだから、銀行に入行する部員が結構多いのが特徴だ。

商社系や販売系は、いろいろな人と交渉して物事をまとめていかなければならない。青学の陸上競技部がいくらコミュニケーションを重視していると言っても、やはり陸上マンであることに変わりはなく交渉事に強いとは言えない。むしろコツコツと努力し、勤勉で裏切らないという特徴を持っているわけで、その特徴を最大限に活かすなら金融業界、それも銀行が向いていると私は考えている。

就職について、私が部員たちに常々言っていることがある。それは、次のようなメッセージだ。

「就活、就活と言うけれども、おまえたちの場合、部に所属して競技活動をしていることのすべてが就活になっている。

一般の学生と同じ土俵で戦ったのでは勝てない。東大出の人間と勉強で戦っても負けるに決まっている。そんなところで勝負してどうするんだ。

社会は勉強ができる人間だけを望んでいるのではない。勉強のできる人材も一定の割合で採用するが、縁故採用で採る者もいる。

おまえたちは、陸上競技でがんばった姿勢や、陸上競技で培った人間関係で勝負すればよい。面談の場では、一生懸命に陸上競技をやったことを堂々と述べればいいだけだ。だから、陸上競技に打ち込むことが就活なのだ」

たまに就職試験に続けて落ちる部員がいて、就職相談を受けることがある。

「どうした、学生時代陸上に打ち込んだことは話したのか」

「いいえ。実業団就職ではないので、就職に関係ないと思い一切話しませんでした」

そんなとき、私は学生にこんなふうに懇々《こんこん》と説く。

「それって、君の生きざまを全否定しているわけ？　中学・高校・大学と今までずっと陸上競技に賭《か》けてきて、そのことを言わずして自分を売り込むなら、相手に対しても自分に対してもウソをつくことになる。これからの人生もずっとウソつきになってしまうよ。実業団就職ではないのだから、大学時代に陸上競技の成績がどうだったかはある意味でどうでもいい話だ。陸上競技部にどう関わったかを会社の人事は見ているのだから、堂々と話せばいいんだよ」

八区で区間賞を取った高橋宗司は、一時は実業団に就職することを考えたが、私は勧めなかった。能力が抜群に高ければ勧めるが、そうでなければ就職の一環として実業団に入るのは止めたほうがいいというのが私の考えだ。

高橋には「同じ努力をするのだったら、他の新入社員と同じ土俵に立ち、出世街道で努力したほうが絶対いいよ」とアドバイスした。高橋は迷った末に、実業団ではないアサヒ飲料に就職を決めたのだった。表現力や会話力があり、要領もいい。自分の道を行く高橋はきっとサラリーマンとしても出世すると思う。

ビジネスマンへのアドバイス

「営業マンから大学駅伝の監督へと全く違う畑へ転身してとまどいませんでしたか」と聞かれることがあるが、「はじめに」で書いたように、私に言わせればビジネスも駅伝も同じことである。

ビジネスの場合、たとえば清涼飲料を製造販売する会社だったら、新しく販売する清涼飲料の商品をどれだけ売るかが営業マンの仕事になる。だから、何十万ケース販売するという目標を設定して販売戦略を作り、社内外の大勢の人を動かして目標の達成に向けて努力するわけだ。

大学駅伝の場合も、箱根駅伝で優勝するという目標は違うものの、戦略を作り、部内外の大勢の人を動かして目標の達成に向けて努力することは全く変わらない。そうであれば、ビジネスと同じやり方でできるということだ。

では、駅伝にもビジネスにも共通した成功の秘訣は何かというと、その分野で「ここは外してはいけないという何か」をキャッチすることだ。それは、あるときにはキーマンだったり、あるときにはキーワードだったりする。

その何かをキャッチするためにどうするか。それは最後は人と人との関わりだから、さまざまな人と真剣に議論することしかない。機械といくらニラメッコをしても仕方がないし、機械の説明書をいくら読んでも意味がない。やはり、ヒントをくれるのは人である。

人と議論することについても一言触れるならば、枝葉末節《しようまっせつ》を議論しても意味がないということである。その何かをつかむためには、幹の部分を議論する必要があるのだ。

幹の部分で改革を推し進めようとすると、だいたい前例が大きな壁として立ちはだかり、その壁を突破するためには非常に労力がかかる。だから、改革マインドが必要だし、既存の部署よりは新しい部署で試みるほうがより可能性があるわけだ。

枝葉末節の部分で改革しても何年経っても成功しないだろう。しかし、幹の部分で改革を進めれば、何年かすれば成功するようになっているのだ。

たとえば、青学を箱根駅伝に出場させるケースの場合、幹の部分は何かと言えば規則正しい生活である。陸上というのはパンツとシャツだけで身ひとつで行なう競技であるから、規則正しい生活が不可欠なのだ。その幹の部分を否定したり、監督の意見を聞かなかったりする選手にゴマをすって受け入れても、チームがいい方向に進むはずがない。

だから、三年目に廃部の危機を迎えはしたが、すでに土壌改良が進んでいることははっきり見えていたので、その後も幹の部分の改革を推し進めたことで成果が出始め、ついに箱根駅伝優勝という目標を達成したのである。

それから、会社の場合、とくに中国電力のような公共性の高い企業の場合は、利潤を追求する集団であるだけではなしに、文化や芸術など多方面にわたって社会貢献をしていくことが求められる。

大学も公共性の高い教育機関であるから、陸上競技部の場合であれば大学のイベントに協力したり、寮のある地域で部員たちが清掃作業をしたりして社会貢献していくことも大切な活動のひとつである。

こうして大きな視点で見てくると、やっていることは確かに違うが、社会あっての会社であり、社会あっての陸上競技部であるから、目標を実現するためのプロセスや社会との関わりという意味では同じように考えればいいということになる。

そうはいうものの、多くのビジネスマンがなかなか仕事の目標を達成できず、苦しんでいるという現実があるのも承知している。

陸上競技でも、青山学院に入ることが目的だった部員はもうひとつ成果が出てこない。やはり、青学の陸上競技部に入って何をしたいか、何をするのかという目的がはっきりしていないとダメだと思う。

同じように、大企業に入ることが目的だった社員はなかなか業績を上げることができないだろう。その会社に入って何をするのかという入社するときの覚悟が問われているのだと思う。

ここで、少し本筋から外れるが、女性の社会進出にも触れておくと、社会はもっと女性に目を向けるべきだと思う。

その際に重要なのは、出産や育児をマイナスに評価するのではなく、逆にプラスに評価するということだ。女性社員が出産したら退職させたり降格させたりする企業が見られるが、私は逆の発想にしたほうがいいと思う。

これだけ少子化による人口減の危機が叫ばれているなかで、出産して育児をするということは社会にとって有益なことである。社会にとって有益なことは会社にとっても有益なことであるから、出産して育児をした女性社員に対して査定のような遅れた評価をするのではなくて、逆に「よくぞ子どもを産んでくれました。これで少子化に歯止めがかかります。商品も売れ、結果として会社の利益になります」という発想で評価すべきなのだ。

確かに、短期的にはその企業の利益は減るかもしれないが、「損して得取れ」である。社会あっての企業であり、企業には社会を豊かにしていくという大切な使命があるのだ。

ベンチャー企業の場合は社歴が短いのでなかなか経営哲学を持つことは難しいかもしれない。しかし、大企業は長い歴史のなかで社会に根づき、伝統を持っているわけだから、社会貢献の一環として女性の活用はもとより、女性社員の出産・育児に対する発想の転換をすべきときに来ているのではないかと思うのである。

た。

人生逆転のメソッド

私はこれまでの人生で何度も窮地に陥ったが、そこから逆転して這《は》い上がってきた。

高校時代は駄馬と言われながらも、練習とチームワークによって母校の世羅高校が全国高校駅伝で準優勝を果たした。大学時代は「おまえはチャラけている」と言われながらも、日本インカレの五千メートルで三位に入り、中国電力に入社している。

中電時代は足のケガから五年で選手生活引退を余議なくされながらも、サラリーマンとして一から再スタートし、伝説の提案型営業マンと言われるほど働いた。

そして、青学陸上競技部の監督に転身して三年目には廃部と監督解任の危機に追い込まれながら、何とかしのいで五年目に箱根駅伝出場、そして十一年目に箱根駅伝優勝を果たしたのである。

なかでも一番苦しかったのが中電で選手を引退したときである。サラリーマンとして一から再スタートすると言っても簡単に割り切れるものではない。それを割り切るために、私なりの工夫をしたことは確かである。

引退後、陸上競技部の試合に足を運んだことは一度もないし、駅伝やマラソンのテレビ中継なども一切見ていない。陸上関連の雑誌や本も買わなかった。そうやって退路を断ち、過去の自分を遠ざけることで、なかなか割り切れない気持ちを整理した部分があったと思う。

その当時に積極的にやったことと言えば、勝利者や成功者の体験本を読んだり成功体験を扱ったテレビ番組を見たりすることだ。苦しみから這い上がってきた人たちのライフストーリーはとても参考になった。

青学の専用グラウンドの管理をしている職人さんとよく世間話をするのだが、その社長さんが芝の植え替えについて面白い話をしてくれた。

芝をある土地から別の土地に移すとき、土を付けたまま移植すると根腐《ねぐさ》れして生育がよくないのだそうだ。だから、根に付いた土を水できれいに洗い流してから次の土地に植えるのだという。同様に、私たちも挫折して人生を切り換えるときには、根っこをよく洗い流して次のステージに進む必要があるのかもしれない。

さて、肝心な点に触れたい。なぜ土俵際から逆転して成功することができたのか。

そのメソッドがあるとすればどういうことか、という点である。退路を断つというのはある種の条件整備であって、おそらく逆転の本質ではないだろう。

今振り返って私なりに考えた結論は、第一にあきらめないこと、そして第二に悔しいと思える自分を持つことだ。

社内でも当然のように競争があるわけだが、外されてもがんばり切る粘り強さがなく、ちょっと干されただけであきらめてしまうケースが散見される。あるいは、営業をかけるときに二重三重のひねりを付ける必要があるのに、その肝心なところで粘らずにあきらめてしまったりもする。二度三度の失敗であきらめるのではなしに、何度も何度もチャレンジしてみてほしいと思う。とくに今どきの若者たちは意外にあっさりとあきらめてしまう傾向が見られるが、自分で粘り強く答えを探してみてほしい。

それから、ぬるま湯の露天風呂にボケーッと浸かっていると誰でも寒風吹きすさぶ外には出たくなくなる。そのままゆで上がって倒れてしまうのを「ゆでガエルの法則」と言うが、湯が熱ければ放っておいても出ていかざるをえない。同じように、挫折から立ち上がるにも熱い湯、つまり悔しいと思う自分が必要なのだ。悔しさがなくなったら、それこそゆでガエルになってしまうからだ。

そして、最後はなるようになるということだ。

ケ・セラ・セラである。

結果が出なくても、別にいのちを取られるわけではない。趣味でも何でも自分がやりたいことを見つけて充実した人生を送れば、それでよいではないか。

おわりに

箱根駅伝優勝を飾った二〇一五年、チームは三月の立川ハーフマラソンに照準を合わせ多くの選手が参加した。そのとき、そこに駆け付けてくれた70人くらいのファンのみなさんに感謝する集いを開催した。

青山学院大学だから頭文字をとるとAGU。しかも、たまたま部員数が四十八人だったのでAGU48である。チームの陣地の周りには、小さな子どもからその母親、中学生や高校生そして大学生と、男女問わず幅広い層のみなさんが応援に駆け付けてくれ、人気アイドルグループのAKB48さながらにお気に入りの選手たちと握手し、交流を楽しんだ。

人気選手のところには長蛇《ちょうだ》の列ができたが、逆にファンに握手しに来てもらえない選手もいた。厳しい現実を突きつけられたわけだが、ファンが集まった選手は「こんなに多くのファンが温かく見守ってくれているのだから、がんばらないといけない」と奮起するにちがいない。一方、ファンが来なかった選手はその悔しさを糧《かて》に、これからがんばればいいのだ。

こうしたイベントは通常まず行なわれることはないであろう。試合が終われればチーム内で軽くミーティングをしてその後速やかに後片づけを行ない「はい終わり。解散」である。というのも、ファンへの対応を面倒くさいと軽視している指導者が多いからだ。「スポーツ選手はチャラチャラするな」とか「選手がそういうファンとつきあうとダメになる」というのが、これまでの陸上界の常識であった。

しかし、私は全く異なる考えを持つ。寒いなかを一時間も待ってくれているファンに「はい終わり」では申し訳が立たない。長時間ではなく時間を十分に限り、節度を持った交流イベントであるから、チャラチャラした催《もよお》しであるとは思わない。

私は常々、社会があっての陸上界だから、陸上界をもっと華やかにしなければいけないと思っているが、今回のイベントもその一環として思いついたものだ。応援してくださるたくさんの人があっての陸上競技であるから、そういう人たちに注目し、応援してもらえるような場を作るのは当たり前のことだと思う。

こうした発想は、営業マンだった中国電力やハウスプラス中国時代と全く変わらない。社会があってこそ商売が成り立つわけだから、社会に理解される必要があるというのが営業を進めるうえでの根底にある考え方だった。

青学が箱根駅伝に初優勝した後、マスコミからは「次の目標は連覇か」とか「今年は三冠を狙うのか」とか聞かれるが、私は駅伝だけにこだわっているわけではない。むしろ二〇二〇年の東京オリンピック開催に向けて陸上界をどう盛り上げていくか、私なりに考えてサポートしていきたいと思っている。

また、企業の営業マンと大学陸上競技部の監督というふたつの世界を熟知し、何度も土俵際からの逆転を成功させてきたユニークな立場から、講演者や企業のアドバイザーとして違った形で助言をしたり、あるいはテレビ番組のコメンテーターとして違った切り口でコメントをしたりして、さまざまな業界や分野を発展させるお手伝いができないかとも考えている。既成概念に全く囚《とら》われることなく新しい切り口で社会を切り、私なりの発信をしていきたいと思うのだ。

ただ私は閉所恐怖症のようなところがあるので、狭い場所で少人数を相手にプレゼンをするのが大の苦手だ。できれば数百人ぐらいの観衆が入れる大きな会場で、ワクワクしながら熱く語る場を作っていただくほうがありがたい。

それから、すでに述べたように私自身は営業で商品を売ることも駅伝で優勝することも同じプロセスや考え方でできると思っているので、ビジネスの分野でも貢献できるところがあるのではないかと考えている。

とくに私がエールを送りたいのは、出世のレールから外れたサラリーマンや窓際に追いやられたビジネスマンたちだ。私自身が営業マン時代、出世のレールから外れた経験者であり、気持ちがよくわかるからだ。

たとえ出世のレールからは外れようとも元気を出して楽しく仕事をし、ある意味で社会の成功者となれるように、私なりの逆転のメソッドをアドバイスし、エールを送ることができたらこんなうれしいことはない。

本書がそういったサラリーマンたちを励まし、やる気を出してもらう一助になれば、私にとって望外の幸せである。

末尾になりましたが、二〇一四年十一月には学院創立一四〇周年記念式典が行なわれました。二〇一五年正月には監督十一年目、そして一五〇周年に向けての船出の年に箱根駅伝総合優勝できましたこと、本当にうれしく思います。

今日の優勝があるのも、私を監督として推薦してくれた後輩の瀬戸昇君。その紹介に対し快く引き受けてくださった半田正夫元学長、伊藤文雄元陸上競技部長、中西英一元OB会長には本当に感謝します。また、ここまでの人生において多くの方々のご指導がございました。陸上界においては、高校の宮広重夫先生、大学の中尾隆行先生、実業団坂口泰監督には陸上競技のイロハを伝授していただきました。チームがまだ弱いとき、合宿に迎え入れてくれた東洋・早稲田・中央学院。そして、まだ自前のグラウンドがない時代、箱根駅伝直前練習に利用させていただいた中央・明治・国士舘各大学の関係者のみなさまの懐の深さには感謝しきれません。

十五年間在籍した中国電力のみなさまにも一言申し伝えさせてください。

サラリーマンとしてのイロハを教えていただいた研修センターのみなさま。競技引退後快く仲間として迎え入れてくれた東広島、徳山営業所の面々。自称「伝説の営業マン」として育ててくれた元ハウスプラス中国の江島澄部長、吉屋文雄社長。中電を離れて十二年、いつも気にかけてくれる平成元年同期入社の仲間たちには本当に感謝します。

青山学院大学では、歴代の理事長、院長、学長先生。スポーツ推薦枠等に協力いただいている文学部、教育人間科学部、法学部、経営学部、国際政治経済学部、総合文化政策学部、理工学部、社会情報学部の先生方には学生のご指導ありがとうございます。私が所属している相模原キャンパス学生生活グループのみなさんには日ごろから練習に専念できる環境を整えていただきありがとうございます。箱根駅伝応援する会はもとより、ご支援をいただいている全国三十三万人もの校友の方々。そして、二十七年コーチとして部を支え続けてこられた安藤弘敏コーチ。そしてなによりすばらしい教育を受けた生徒を快く送っていただいた高校の先生には本当に感謝します。このほかにも数えきれない方々のご支援の中、今の私が存在します。ご紹介しきれないことお許しください。みなさまお一人お一人が「伝説のヒーロー」です。本当にありがとうございます。

最後に育ててくれた両親、そして、この十一年間にわたって常に私をサポートし、励まし続けてくれた妻の美穂にも改めて感謝の言葉を述べたい。いつも迷惑かけて本当に申し訳ない。どうもありがとう。これからもよろしく頼みます。

切りとり線

★読者のみなさまにお願い

この本をお読みになって、どんな感想をお持ちでしょうか。祥伝社のホームページから書評をお送りいただけたら、ありがたく存じます。今後の企画の参考にさせていただきます。また、次ページの原稿用紙を切り取り、左記まで郵送していただいても結構です。

お寄せいただいた書評は、ご了解のうえ新聞・雑誌などを通じて紹介させていただくこともあります。採用の場合は、特製図書カードを差しあげます。

なお、ご記入いただいたお名前、ご住所、ご連絡先等は、書評紹介の事前了解、謝礼のお届け以外の目的で利用することはありません。また、それらの情報を6カ月を越えて保管することもありません。

〒101-8701（お手紙は郵便番号だけで届きます）
祥伝社新書編集部
電話03（3265）2310
祥伝社ホームページ　http://www.shodensha.co.jp/bookreview/

★本書の購買動機（新聞名か雑誌名、あるいは○をつけてください）

＿＿＿＿新聞の広告を見て	＿＿＿＿誌の広告を見て	＿＿＿＿新聞の書評を見て	＿＿＿＿誌の書評を見て	書店で見かけて	知人のすすめで

★100字書評……逆転のメソッド——箱根駅伝もビジネスも一緒です

名前

住所

年齢

職業

原 晋　はら・すすむ

青山学院大学陸上競技部監督。1967年、広島県生まれ。広島・世羅高校では主将として全国高校駅伝準優勝。中京大では3年生の時、日本インカレ5000mで3位入賞。89年に中国電力陸上競技部1期生で入部、5年で選手生活を終え、サラリーマンに。実績を上げて「伝説の営業マン」と呼ばれる。チーム育成10年計画プランのプレゼンを買われて、2004年より現職。09年に33年ぶり箱根駅伝出場、15年に同校を箱根駅伝初優勝に導いた。

逆転のメソッド

——箱根駅伝もビジネスも一緒です

原《はら》 晋《すすむ》

2015年5月10日　初版第1刷発行
2015年6月10日　第2刷発行

発行者……………竹内和芳
発行所……………祥伝社《しょうでんしゃ》
〒101-8701　東京都千代田区神田神保町3-3
電話　03(3265)2081(販売部)
電話　03(3265)2310(編集部)
電話　03(3265)3622(業務部)
ホームページ　http://www.shodensha.co.jp/

装丁者……………盛川和洋
印刷所……………萩原印刷
製本所……………ナショナル製本

Printed in Japan　ISBN978-4-396-11412-1　C0275